# 당당한
## 비즈니스 일본어

**출장 편**

내가 필요한 비즈니스 스킬만 쏙쏙 골라 배우자!
한 권으로 가볍게, 언어와 스킬을 동시에 배우는 직장인의 **필수 교재!**

## 당당한 비즈니스 일본어 - 출장
© Carrot House

All rights reserved. No part of this publication may be reproduced, stored in a retrieval system, or transmitted in any form or by any means without the prior permission in writing of Carrot House.

**Printed:** March 2020
**Author:** Carrot Language Lab

**ISBN** 978-89-6732-312-7

**Printed in Korea**

**Carrot Global Inc.**
9F, 488, Gangnam St. , Gangnam-gu, Seoul, 06120, South Korea

## 당당한 일본어 교재 시리즈 Curriculum Map

| CARROT 레벨 | 1 | 2 | 3 | 4 | 5 | 6 | 7 |
|---|---|---|---|---|---|---|---|
| JLPT 등급 | N5 | | N4 | N3 | | N2 | N1 |
| 일반 회화 | 입문 | 입문 | 기초 | | | | |
| 비즈니스 스킬 | | | | 비즈니스 Basics | | | |
| | | | | 비즈니스 면접 | 비즈니스 면접 | | |
| | | | | 비즈니스 출장 | 비즈니스 출장 | | |
| | | | | 비즈니스 미팅 | 비즈니스 미팅 | | |
| | | | | 비즈니스 이메일 | 비즈니스 이메일 | | |
| | | | | 비즈니스 프레젠테이션 | 비즈니스 프레젠테이션 | | |

**CARROT HOUSE**

# 01 머리말

## ❀ 일본에 대한 이해

일본(日本)은 태평양에 위치한 동아시아의 섬나라로, 일본의 국호(日本国)는 한자로 '태양이 떠오르는 곳'이라는 의미이다.

**일문 국명** | 日本
**영문 국명** | Japan
**수도** | 도쿄(東京)
**행정구역** | 1도(都, と) 1도(道, どう), 2부(府, ふ), 43현(県, けん)
**국토 면적** | 약 37.8만㎢ (한반도의 약 1.7배)
**지리** | 4개의 큰 섬과 약 4천여개의 작은 섬 (홋카이도, 혼슈, 큐슈, 시코쿠)
**언어** | 일본어
**화폐** | 엔(円)
**정치 제도** | 민주주의, 입헌군주제
**인구** | 약 1억 7천만명 (2019년 통계청 기준)
**GDP** | 약 4조 9천억달러 (세계 3위) (2018년 통계청 기준)
**주요 종교** | 신도(神道), 불교, 기독교

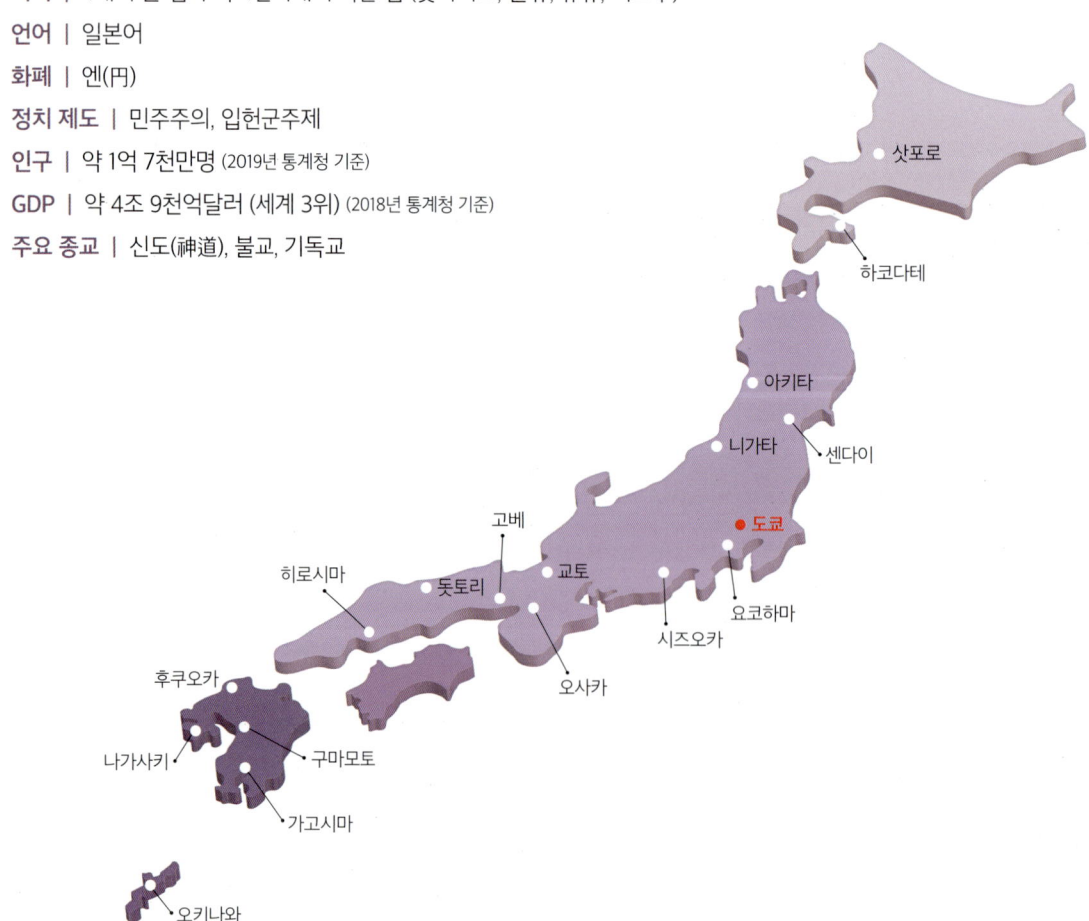

## 02 캐럿 하우스 방법론

### ❋ 성인 교육학적 접근과 표현언어 스킬

교육학은 학습자들로 하여금 생각을 한 곳으로 모으게 하고 학습 훈련을 지속적으로 강화하는데 그 목적이 있습니다. 아동을 대상으로 하는 교학(pedagogy)과 성인을 대상으로 하는 교육(andragogy)의 특징 및 과정은 분명 다릅니다. 기존의 아동 대상 교육이 주입식, 암기식, 교사 중심의 교육이라면, 성인 교육은 상대적으로 자유로운 학습 환경 속에서 다양한 생각과 행동적 학습이론을 추구할 수 있는 자발적, 지속적, 학습자 중심 교육이라고 볼 수 있습니다. 캐럿 하우스 커리큘럼은 이러한 성인 교육학적 접근을 바탕으로 과제 해결 및 의사소통 중심의 학습활동을 구성하여 학습자의 참여도를 이끌어냅니다.

사실, 대다수의 사람들은 외국어를 학습할 때 의사소통 능력을 키우기 위해 노력합니다. 그러나 외국어로서의 일본어 교육은 아직까지도 수용언어 - 즉, 듣기와 읽기 학습을 중심으로 이루어지다 보니 의사소통 능력을 키우는 데 한계가 있습니다. 한편, 표현언어 - 즉, 말하기와 쓰기 능력이 잘 갖춰진다면 의사소통 역량을 마음껏 발휘할 수 있을 것입니다. 바로 이 점이 학습자들의 언어의 표현적 기능을 향상시키는 캐럿 하우스 커리큘럼만의 비결이라고 생각합니다. 캐럿 하우스 커리큘럼이 제시하는 성인 교육의 특징은 학습자들이 스스로 표현 및 소통 역량을 향상시킬 수 있도록 하는 외국어 학습 경험을 제공한다는 점입니다. 이렇듯, 캐럿 하우스의 교수철학과 커리큘럼은 모든 일본어 학습자들의 "성공을 위한 언어"라는 목표를 이룰 수 있도록 구성되어 있습니다.

### ❋ 의사소통 중심 언어학습법

언어 습득의 필수 요소인 의사소통 상호 작용은 단순히 원어민이 이끄는 식상하고 의미 없는 흥미 위주의 대화를 통해 일어나는 것이 아닙니다. 숙련된 교사가 학습자에게 적절한 컨텐츠를 제공하여 협의된 상호 작용을 통해 일어나는 것입니다. 이 때, 학습자도 자신에게 주어진 학습 기회를 최대한 활용할 수 있습니다.

특히, 의사소통 중심 언어학습법은 외국어 습득론 분야에서 활용되는 방법으로, 언어를 보다 실용적으로, 보다 실감나게, 보다 기능적으로 사용하기 위한 학습자들에게 최적화 되어있다고 볼 수 있습니다.

### 당당한 비즈니스 일본어 시리즈

Basics 　　　 면접 　　　 출장 　　　 미팅 　　　 이메일 　　　 프레젠테이션

# 03 이 책의 구성

## ❀ 주요 학습대상

**당당한 비즈니스 일본어 출장**은 주입식 형태의 비즈니스 일본어 교재의 틀을 깨고, 초중급 수준의 학습자도 부담 없이 비즈니스 일본어를 학습할 수 있도록 구성한 교재입니다. 특히, 일본 회사에 입사하고자 하는 취업·이직 준비생이나 기초 비즈니스 일본어를 정복하고자 하는 성인 학습자들에게 안성맞춤인 교재입니다.

## ❀ 교재 활용법

### 학습 목표 & 주요 패턴
각 과의 학습 목표와 주요 패턴 3가지를 확인하여 이번 과에서는 무엇을 배울 것인지, 학습효과는 무엇인지 알아볼 수 있습니다.

### 이미지 토크
실감나는 비즈니스 현장의 이미지를 보며 주어진 키워드를 활용하여 사진을 묘사한 후, 주제와 관련된 도입 질문으로 이야기 해 봄으로써 사전 언어 지식을 충분히 활용할 수 있도록 구성하였습니다.

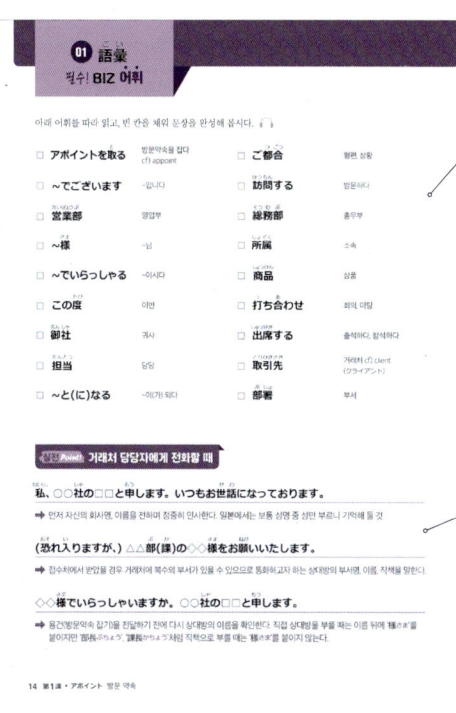

### 필수! BIZ 어휘

각 과의 주제와 관련하여 자주 사용되는 어휘를 엄선하였습니다. 각 어휘 앞의 체크박스를 활용하여 빠짐없이 완벽 학습할 수 있도록 체크합니다.
아래에는 핵심 어휘 '빈칸 채우기'로 단순 암기가 아닌 직접 문장을 완성하며 자연스럽게 어휘를 반복 학습할 수 있습니다.

### 실전 Point!

각 과의 주제와 관련하여 출장 시 알아두면 좋을 문장들을 엄선하였습니다. 실전에서 사용할 수 있는 유용한 문장을 통해 이번 과에서 학습할 내용을 미리 엿볼 수 있습니다.

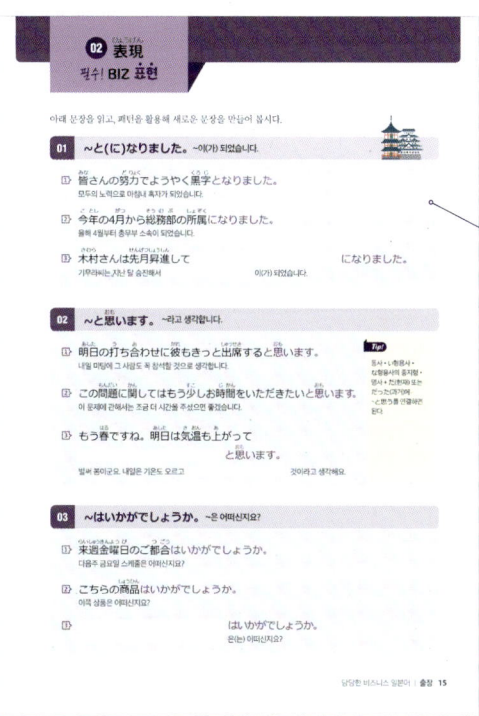

### 필수! BIZ 표현

주요 패턴에서 소개된 문형 3가지를 심층 학습하는 코너입니다. 2개의 예문과 Tip을 학습하고, 직접 예문을 만들어 봄으로써 비즈니스 상황에 맞는 격식 있는 표현을 체득하게 됩니다. 또한, 회화 본문에 3가지 표현이 포함되어 학습의 연계성을 높였습니다.

당당한 비즈니스 일본어 | 출장 **07**

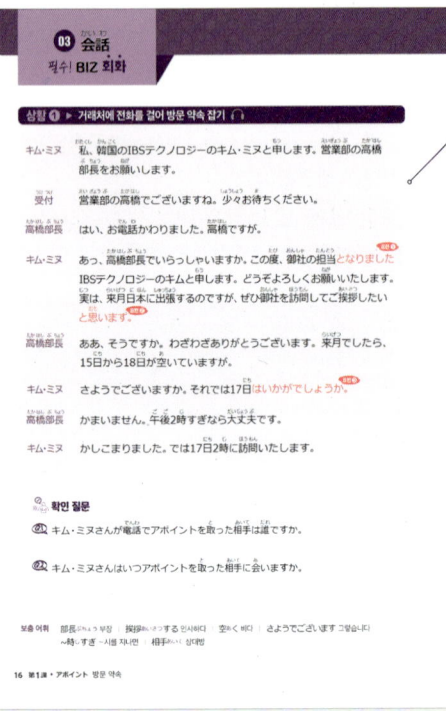

### 필수! BIZ 회화

각 과마다 주제와 관련된 2가지 상황을 엄선하여 실제 업무 시 응용할 수 있는 표현들로 구성하였습니다. 모든 회화문은 mp3 음원을 다운 받아 듣기 학습이 가능하며, 본문 학습 후에는 확인 질문에 답해 보며 내용을 제대로 이해하였는지 체크할 수 있습니다. 또한, 페이지 하단에 보충 어휘를 제시하여 본문을 바로 이해할 수 있도록 하였습니다.

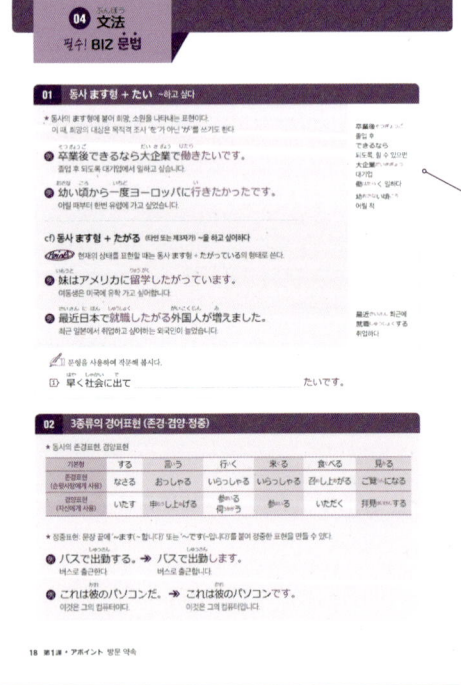

### 필수! BIZ 문법

N3 수준의 일본어 학습자라면 필수로 알아 두어야 할 핵심 문법 2가지를 심층 학습하는 코너입니다. 2개의 예문과 문법 Point를 통해 문법의 의미와 용법을 학습하고, 문형을 사용하여 직접 작문해봄으로써 비즈니스 수준의 문법을 체득하게 됩니다.

### 응용 연습

각 과에서 학습한 어휘, 표현 및 문법 지식을 종합하여 자연스럽게 독해, 작문, 회화 연습으로 이어질 수 있도록 구성하였습니다. 파트너와 짧은 대화 연습을 해봄으로써 뒤에 이어지는 롤플레이 활동의 초석을 다질 수 있습니다.

### 필수! BIZ 롤플레이

실제 비즈니스 상황에서 해당 과에서 학습한 주요 어휘 및 표현을 적용하여 말해 볼 수 있도록 구성하였습니다. 학습자들은 스스로 역할을 정해 파트너와 롤플레이를 진행하며 의사소통 능력 및 응용력, 표현력을 키울 수 있습니다.

### BIZ Tip!

일본 출장은 한국과 어떤 점이 다른지 알아보는 코너입니다. 일본으로의 취업·이직 준비생이라면 꼭 알아두어야 할 필수 정보를 놓치지 마세요!

# もくじ
# 目次

| | | 실전 회화 살펴보기 |
|---|---|---|
| 1課 | アポイント<br>방문 약속 | ✓ 거래처에 전화를 걸어 방문 약속 잡기<br>✓ 방문 약속 변경하기 |
| 2課 | 取引先訪問<br>거래처 방문 | ✓ 거래처 담당자와 인사 나누기<br>✓ 전임자의 근황과 출장 목적 공유하기 |
| 3課 | 製品説明<br>제품 설명 | ✓ 신제품 소개하기<br>✓ 신제품의 판매 상황과 전망 설명하기 |
| 4課 | 移動と宿泊<br>이동과 숙박 | ✓ 택시 승차 및 이동하기<br>✓ 호텔 체크인하기 |
| 5課 | 工場見学<br>공장 견학 | ✓ 공장 견학하기 1<br>✓ 공장 견학하기 2 |
| 6課 | 食事と接待<br>식사와 접대 | ✓ 공장 관계자와의 점심식사<br>✓ 거래처 회식 참석하기 |
| 7課 | 取引先との会議<br>거래처와의 회의 | ✓ 납기 개선 요구하기<br>✓ 가격 인상 제안에 반론하기 |
| 8課 | クレーム解決<br>클레임 해결하기 | ✓ 문제제기에 대응하기<br>✓ 클레임 제기하기 |

| 주요 패턴 | 주요 문법 | 페이지 |
|---|---|---|
| ■ ~と(に)なりました。<br>■ ~と思います。<br>■ ~はいかがでしょうか。 | ■ 동사 ます형 + たい<br>■ 3종류의 경어표현 (존경·겸양·정중) | 13 |
| ■ ~ことにします。/ ~ことになりました。<br>■ ~として<br>■ AたりBたりします。 | ■ お/ご + 동사의 ます형 / 동작성 한자어 + になる<br>■ お/ご + 동사의 ます형 / 동작성 한자어 + する(いたす) | 21 |
| ■ ~について / ~に関して<br>■ ~はこちらでございます。<br>■ ~の件でございますが、 | ■ 동사 て형 + いる、ある<br>■ 그 밖의 て형 + 보조동사 표현 | 29 |
| ■ ~までお願いします。<br>■ ~はどのくらいかかりますか。<br>■ AとBとどちらがよろしいですか。 | ■ 동사의 ます형 / 동작성 한자어 + に + 이동 동사<br>■ お/ご + 농사의 ます형 / 동작성 한자어 + ください | 37 |
| ■ ~のおかげで / ~のせいで / ~のために<br>■ ~ていただけますか。<br>■ ~てもよろしいでしょうか。 | ■ 동사 ます형 + ながら<br>■ 동사 사역형 ～せる、させる | 45 |
| ■ ~すぎました。<br>■ ~はずです。<br>■ ~た上に(で) | ■ ~れる、~られる  가능표현<br>■ ~れる、~られる  수동표현 | 53 |
| ■ ~たところ(ばかり)です。<br>■ ~ぎみです。<br>■ ~かねます。 | ■ ~れる、~られる  존경표현<br>■ ~と、~たら、~ば | 61 |
| ■ ~た方がいいです。/ ~ない方がいいです。<br>■ ~ねばなりません。<br>■ ~次第 | ■ ~ずに<br>■ ~そうだ、~ようだ、~らしい、~みたいだ  추측표현 | 69 |

| 부록 | ◎ 필수 어휘 & 보충 어휘 모음     ◎ 본문 해설 모음 | 77 |
|---|---|---|

# 1課 アポイント

**방문 약속**

 **학습목표**
① 일본 거래처에 전화를 걸어 예법에 맞게 방문 약속을 잡을 수 있다.
② 방문 정보를 정확히 전달하고 필요 시 약속 변경을 정중히 요청할 수 있다.

 **주요패턴**
- ~と(に)なりました。　　~이(가) 되었습니다.
- ~と思（おも）います。　　~라고 생각합니다.
- ~はいかがでしょうか。　　~은 어떠신지요?

## イメージトーク
**이미지 토크**

다음 사진을 보면서 아래의 키워드를 활용하여 주어진 상황에 대해 일본어로 말해 봅시다.

**Key Words** | アポイント | 電話（でんわ） | 表情（ひょうじょう） | 声（こえ） | リラックス

01 ▶ 위 사진을 보고 상황, 인물 등에 대해 자유롭게 묘사해 봅시다.
02 ▶ 거래처 담당자에게 예의 바른 인상을 주기 위해서는 무엇이 중요할까요? 이야기 해 봅시다.

## 01 語彙
### 필수! BIZ 어휘

아래 어휘를 따라 읽고, 빈 칸을 채워 문장을 완성해 봅시다. 🎧

| | | | |
|---|---|---|---|
| □ アポイントを取る | 방문약속을 잡다 cf) appoint | □ ご都合 | 형편, 상황 |
| □ ~でございます | ~입니다 | □ 訪問する | 방문하다 |
| □ 営業部 | 영업부 | □ 総務部 | 총무부 |
| □ ~様 | ~님 | □ 所属 | 소속 |
| □ ~でいらっしゃる | ~이시다 | □ 商品 | 상품 |
| □ この度 | 이번 | □ 打ち合わせ | 회의, 미팅 |
| □ 御社 | 귀사 | □ 出席する | 출석하다, 참석하다 |
| □ 担当 | 담당 | □ 取引先 | 거래처 cf) client (クライアント) |
| □ ~と(に)なる | ~이(가) 되다 | □ 部署 | 부서 |

### 실전 Point! 거래처 담당자에게 전화할 때

**私、○○社の□□と申します。いつもお世話になっております。**

➡ 먼저 자신의 회사명, 이름을 전하며 정중히 인사한다. 일본에서는 보통 성명 중 성만 부르니 기억해 둘 것.

**(恐れ入りますが、)△△部(課)の◇◇様をお願いいたします。**

➡ 접수처에서 받았을 경우 거래처에 복수의 부서가 있을 수 있으므로 통화하고자 하는 상대방의 부서명, 이름, 직책을 말한다.

**◇◇様でいらっしゃいますか。○○社の□□と申します。**

➡ 용건(방문약속 잡기)을 전달하기 전에 다시 상대방의 이름을 확인한다. 직접 상대방을 부를 때는 이름 뒤에 '様さま'를 붙이지만 '部長ぶちょう', '課長かちょう'처럼 직책으로 부를 때는 '様さま'를 붙이지 않는다.

## 02 表現(ひょうげん)
### 필수! BIZ 표현

아래 문장을 읽고, 패턴을 활용해 새로운 문장을 만들어 봅시다.

### 01 ~と(に)なりました。 ~이(가) 되었습니다.

1. 皆(みな)さんの努力(どりょく)でようやく黒字(くろじ)となりました。
   모두의 노력으로 마침내 흑자가 되었습니다.

2. 今年(ことし)の4月(がつ)から総務部(そうむぶ)の所属(しょぞく)になりました。
   올해 4월부터 총무부 소속이 되었습니다.

3. 木村(きむら)さんは先月昇進(せんげつしょうしん)して　　　　　　　　　　になりました。
   기무라씨는 지난 달 승진해서　　　　　　　　이(가) 되었습니다.

### 02 ~と思(おも)います。 ~라고 생각합니다.

1. 明日(あした)の打(う)ち合(あ)わせに彼(かれ)もきっと出席(しゅっせき)すると思(おも)います。
   내일 미팅에 그 사람도 꼭 참석할 것으로 생각합니다.

2. この問題(もんだい)に関(かん)してはもう少(すこ)しお時間(じかん)をいただきたいと思(おも)います。
   이 문제에 관해서는 조금 더 시간을 주셨으면 좋겠습니다.

3. もう春(はる)ですね。明日(あした)は気温(きおん)も上(あ)がって　　　　　　　と思(おも)います。
   벌써 봄이군요. 내일은 기온도 오르고　　　　　　　것이라고 생각해요.

> **Tip!**
> 동사・い형용사・な형용사의 종지형・명사 + だ(현재) 또는 だった(과거)에 ~と 思う를 연결하면 된다.

### 03 ~はいかがでしょうか。 ~은 어떠신지요?

1. 来週金曜日(らいしゅうきんようび)のご都合(つごう)はいかがでしょうか。
   다음주 금요일 스케줄은 어떠신지요?

2. こちらの商品(しょうひん)はいかがでしょうか。
   이쪽 상품은 어떠신지요?

3. 　　　　　　　　　　はいかがでしょうか。
   　　　　　　은(는) 어떠신지요?

## 03 会話
### 필수! BIZ 회화

**상황 ❶ ▶ 거래처에 전화를 걸어 방문 약속 잡기** 🎧

キム・ミヌ　私、韓国のIBSテクノロジーのキム・ミヌと申します。営業部の高橋部長をお願いします。

受付　営業部の高橋でございますね。少々お待ちください。

高橋部長　はい、お電話かわりました。高橋ですが。

キム・ミヌ　あっ、高橋部長でいらっしゃいますか。この度、御社の担当**となりました** 〈표현❶〉 IBSテクノロジーのキムと申します。どうぞよろしくお願いいたします。実は、来月日本に出張するのですが、ぜひ御社を訪問してご挨拶したい**と思います。** 〈표현❷〉

高橋部長　ああ、そうですか。わざわざありがとうございます。来月でしたら、15日から18日が空いていますが。

キム・ミヌ　さようでございますか。それでは17日**はいかがでしょうか。** 〈표현❸〉

高橋部長　かまいません。午後2時すぎなら大丈夫です。

キム・ミヌ　かしこまりました。では17日2時に訪問いたします。

### 📋 확인 질문

**Q.1** キム・ミヌさんが電話でアポイントを取った相手は誰ですか。

**Q.2** キム・ミヌさんはいつアポイントを取った相手に会いますか。

---

**보충 어휘**　部長 ぶちょう 부장 ｜ 挨拶 あいさつする 인사하다 ｜ 空 あく 비다 ｜ さようでございます 그렇습니다
　　　　　　 ~時 じすぎ ~시를 지나면 ｜ 相手 あいて 상대방

## 상황 ❷ ▶ 방문 약속 변경하기

キム・ミヌ　高橋部長、ご無沙汰しております。先日、お電話いたしましたIBSテクノロジーのキム・ミヌです。

高橋部長　ああ、キムさん、お久しぶりですね。お元気ですか。

キム・ミヌ　はい、おかげさまで。今日はお願いがあってお電話をさしあげました。

高橋部長　あらたまって何でしょうか。

キム・ミヌ　実は、明後日の2時にお約束した御社訪問を3時に変更したいのですが、ご都合はいかがでしょうか。 표현❸

高橋部長　何か問題でも。

キム・ミヌ　はい、急用ができてしまいまして。

高橋部長　そうですか。そういうことなら仕方ないですね。3時でもよろしいですよ。ちょうど時間もありますから。

キム・ミヌ　勝手を申しまして真に恐縮です。

### 확인 질문

Q.1　キム・ミヌさんがアポイントを変更した理由は何ですか。

Q.2　キム・ミヌさんは何日の何時にアポイントを変更しましたか。

---

보충 어휘　ご無沙汰ぶさたする 격조하다, 오랜만에 연락하다 ｜ あらたまって 새삼스럽게, 정색을 하고
変更へんこうする 변경하다 ｜ 急用きゅうよう 급한 일, 급한 사정 ｜ 仕方しかたない 어쩔 수 없다
勝手かってを申もうす 멋대로 이야기하다, 자기 사정만 앞세우다 ｜ 真まことに 진심으로
恐縮きょうしゅくだ 송구스럽다, 상대방의 호의에 깊이 감사하다

## 04 文法(ぶんぽう)
### 필수! BIZ 문법

### 01 동사 ます형 + たい  ~하고 싶다

★ 동사의 ます형에 붙어 희망, 소원을 나타내는 표현이다.
  이 때, 희망의 대상은 목적격 조사 'を'가 아닌 'が'를 쓰기도 한다.

例) 卒業後(そつぎょうご)できるなら大企業(だいきぎょう)で働(はたら)きたいです。
졸업 후 되도록 대기업에서 일하고 싶습니다.

例) 幼(おさな)い頃(ころ)から一度(いちど)ヨーロッパに行(い)きたかったです。
어릴 때부터 한번 유럽에 가고 싶었습니다.

卒業後(そつぎょうご) 졸업 후
できるなら 되도록, 할 수 있으면
大企業(だいきぎょう) 대기업
働(はたら)く 일하다
幼(おさな)い頃(ころ) 어릴 적

cf) 동사 ます형 + たがる  (타인 또는 제3자가) ~을 하고 싶어하다

Point) 현재의 상태를 표현할 때는 동사 ます형 + たがっている의 형태로 쓴다.

例) 妹(いもうと)はアメリカに留学(りゅうがく)したがっています。
여동생은 미국에 유학 가고 싶어합니다.

例) 最近(さいきん)日本(にほん)で就職(しゅうしょく)したがる外国人(がいこくじん)が増(ふ)えました。
최근 일본에서 취업하고 싶어하는 외국인이 늘었습니다.

最近(さいきん) 최근에
就職(しゅうしょく)する 취업하다

✎ 문형을 사용하여 작문해 봅시다.

1) 早(はや)く社会(しゃかい)に出(で)て _____ たいです。

### 02 3종류의 경어표현 (존경·겸양·정중)

★ 동사의 존경표현, 겸양표현

| 기본형 | する | 言(い)う | 行(い)く | 来(く)る | 食(た)べる | 見(み)る |
|---|---|---|---|---|---|---|
| 존경표현<br>(손윗사람에게 사용) | なさる | おっしゃる | いらっしゃる | いらっしゃる | 召(め)し上(あ)がる | ご覧(らん)になる |
| 겸양표현<br>(자신에게 사용) | いたす | 申(もう)し上(あ)げる | 参(まい)る<br>伺(うかが)う | 参(まい)る | いただく | 拝見(はいけん)する |

★ 정중표현: 문장 끝에 '~ます(~합니다)' 또는 '~です(~입니다)'를 붙여 정중한 표현을 만들 수 있다.

例) バスで出勤(しゅっきん)する。 → バスで出勤(しゅっきん)します。
버스로 출근한다.              버스로 출근합니다.

例) これは彼(かれ)のパソコンだ。 → これは彼(かれ)のパソコンです。
이것은 그의 컴퓨터이다.            이것은 그의 컴퓨터입니다.

# 05 応用練習
## 응용 연습

빈칸을 채워 대화문을 완성하고, 파트너와 말하기 연습을 해 봅시다.

**01**

受付 | はい、ジャパン・エレクトロニクスです。

私 | _____。
▶ 총무부의 스가와라 과장님을 연결해 주십시오.

**02**
担当者 | お電話かわりました。企画部の山上ですが。

私 | _____。
▶ 저는 코리아 이노베이션의 강지훈이라고 합니다.

**03**
担当者 | 再来週でしたら8日から13日が空いていますが。

私 | _____。
▶ 그렇습니까? 9일은 어떠신지요?

**04**
私 | _____。
▶ 오늘은 부탁드릴 것이 있어서 전화 드렸습니다.

担当者 | あらたまって何でしょうか。

**05**
担当者 | そうですか。そういうことなら仕方ないですね。

私 | _____。
▶ 제 사정만 말씀 드려서 진심으로 죄송합니다.

---

**보충 어휘**   企画部 きかくぶ 기획부 | 再来週 さらいしゅう 다다음주

## 06 ロールプレー
### 필수! BIZ 롤플레이

학습한 주요 어휘 및 표현을 활용하여, 다음과 같은 상황에서 파트너와 롤플레이를 진행해 봅시다.

> **状況 (じょうきょう)** 한국의 A사 직원이 일본의 거래처 B사를 새롭게 담당하게 되어, B사를 방문하기 위해 일본으로 출장을 가려고 합니다. 출장 준비를 위해 A사 직원과 B사 담당자가 전화로 방문 약속을 잡습니다.

出張予定の社員 (しゅっちょうよていのしゃいん)

1. 이번에 본인이 B사의 담당이 된 점과, 다음 주에 B사를 방문하고 싶은 이유와 목적을 전달합니다.
2. 클라이언트의 가능한 일정을 문의합니다.
3. 가능하면 한번 더 일정을 확인하고 방문 약속을 정합니다.

クライアント

1. A사 직원의 전화를 받고 간단히 인사를 합니다.
2. 만남이 가능한 일정을 몇 가지 제시합니다.
3. 상대가 제안한 일정에 문제가 없다면, 약속을 하고 통화를 마무리합니다.

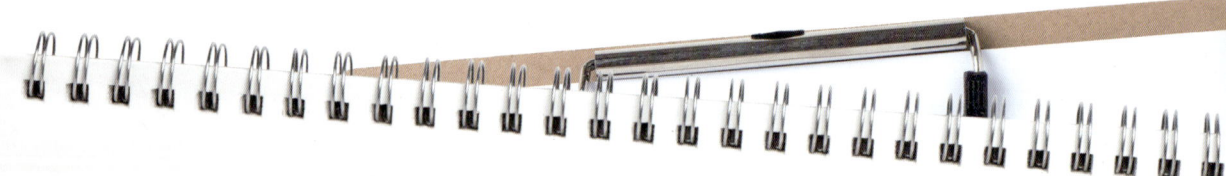

## 日本出張 Tip!
### 신속·정확하게 상대방의 상황을 확인하자

**방문 약속을 잡기 위한 준비**

거래처 담당자와 방문 약속을 잡을 때 가장 중요한 것은 **신속한 타이밍**이다. 미리 약속을 잡음으로써 우선적으로 만날 수 있는 기회를 확보하고 상대방이 만남을 준비할 여유를 줄 수 있기 때문이다. 귀한 시간을 내주는 상대방에 감사의 마음을 갖고 정중하게 응대하도록 최대한 노력해야 한다. 또한, 이메일 또는 팩스로 방문약속을 잡을 경우에는 **방문을 희망하는 날짜로부터 1주 전**에는 연락을 하고 나서 전화로 직접 상대방의 의사를 확인하는 것이 바람직하다.

**방문 약속을 잡는 순서**

1. 상대방의 편한 일정을 묻는다.
2. 상대방이 언제든지 상관이 없다고 할 경우 본인이 희망하는 날짜를 제시한다.
3. 상대방이 희망하는 날짜에 본인이 맞추지 못할 경우 정중하게 사과하고 다른 날짜를 제안한다.
4. 전화를 끊기 전 다시 한 번 방문 목적, 날짜, 시간, 장소, 긴급 연락처, 동행자의 유무 및 직책 등을 재확인한다.

# 2課 取引先訪問
### とりひきさきほうもん

**거래처 방문**

**학습목표**
1. 거래처 담당자와의 첫 만남에서 일본의 비즈니스 매너에 맞게 인사하고 명함을 교환할 수 있다.
2. 담당자에게 전임자의 근황과 일본 출장의 목적을 공유할 수 있다.

**주요패턴**
- ~ことにします。/ ~ことになりました。　　~하기로 하겠습니다. / ~하게 되었습니다.
- ~として　　　　　　　　　　　　　　　　~(으)로서
- AたりBたりします。　　　　　　　　　　A하기도 하고 B하기도 합니다.

## イメージトーク
**이미지 토크**

다음 사진을 보면서 아래의 키워드를 활용하여 주어진 상황에 대해 일본어로 말해 봅시다.

| Key Words | あいさつ<br>挨拶 | めいしこうかん<br>名刺交換 | あくしゅ<br>握手 | しせん<br>視線 | えがお<br>笑顔 |

01 ▸ 위 사진을 보고 상황, 인물 등에 대해 자유롭게 묘사해 봅시다.
02 ▸ 거래처 담당자와의 첫 만남에 좋은 분위기를 형성하려면 어떤 행동이 필요할까요? 이야기 해 봅시다.

## 01 語彙(ごい)
### 필수! BIZ 어휘

아래 어휘를 따라 읽고, 빈 칸을 채워 문장을 완성해 봅시다.

- ☐ 問題(もんだい) — 문제
- ☐ ~について — ~에 대해서
- ☐ 次回(じかい) — 다음 번
- ☐ 話し合う(はなしあう) — 서로 이야기하다, 의논하다
- ☐ 今回(こんかい) — 이번
- ☐ 製品(せいひん) — 제품
- ☐ 広報(こうほう) — 홍보
- ☐ 務める(つとめる) — 맡다, 담당하다
- ☐ 専門家(せんもんか) — 전문가

- ☐ 当社(とうしゃ) — 당사
- ☐ ギリギリの線(せん) — 한계선, 최소한의 기준
- ☐ プラン — 계획, 플랜
- ☐ 賛成(さんせい) — 찬성
- ☐ 休日(きゅうじつ) — 휴일
- ☐ 名刺(めいし) — 명함
- ☐ 前任者(ぜんにんしゃ) — 전임자
- ☐ 工場(こうじょう) — 공장
- ☐ 見学(けんがく) — 견학

### 실전 Point! 거래처를 방문해 담당자와 만남을 가질 때

**本日(ほんじつ)11時(じ)からお約束(やくそく)を頂(いただ)いております。** 오늘 11시에 약속되어 있습니다.

➡ 방문 전날에 다시 한 번 방문약속을 확인한다. 10분 전에는 거래처에 도착하고 화장실에서 차림새를 점검할 것. 접수처에서는 방문약속이 있음을 상대에게 전달하자.

**本日(ほんじつ)はお忙(いそが)しい中(なか)、お時間(じかん)を頂戴(ちょうだい)しまして、ありがとうございます。**
오늘은 바쁘신 와중에 시간을 내주셔서 감사합니다.

➡ 나를 만나기 위해 상대방이 일부러 시간을 내주고 있는 것에 감사의 마음을 표현하자.

## 02 表現(ひょうげん)
### 필수! BIZ 표현

아래 문장을 읽고, 패턴을 활용해 새로운 문장을 만들어 봅시다.

### 01 ~ことにします。/ ~ことになりました。 ~하기로 하겠습니다. / ~하게 되었습니다.

**Tip!**
동사 사전형
+ ~ことにする,
~ことになる

① その問題については次回話し合うことにします。
그 문제에 대해서는 다음에 이야기하도록 하겠습니다.

② 今回、この製品の広報担当を務めることになりました。
이번에 이 제품의 홍보담당을 맡게 됐습니다.

③ この件は今週中に ＿＿＿＿＿＿ することにしましょう。
이 건은 이번 주 안에 ＿＿＿＿＿＿ 하기로 합시다.

### 02 ~として ~(으)로서

① 専門家としてのご意見をお願いします。
전문가로서 의견을 부탁 드립니다.

② 当社としてはこれがギリギリの線です。
당사로서는 이것이 최소한의 기준입니다.

③ ＿＿＿＿＿＿ としてはこのプランに賛成です。
(으)로서는 이 계획에 찬성입니다.

### 03 AたりBたりします。 A하기도 하고 B하기도 합니다. (A하거나 B하거나 합니다.)

① クライアントに連絡するときは、電話をしたりEメールを送ったりします。
거래처에 연락할 때는 전화하기도 하고 이메일을 보내기도 합니다.

② 今日は朝から雨が降ったり止んだりしました。
오늘은 아침부터 비가 내렸다 그쳤다 했습니다.

③ 休日にはいつも ＿＿＿＿＿ たり、 ＿＿＿＿＿ たりして過ごします。
휴일에는 항상 ＿＿＿＿＿ 하거나 ＿＿＿＿＿ 하거나 하며 지냅니다.

## 03 会話
### 필수! BIZ 회화

### 상황 ① ▶ 거래처 담당자와 인사 나누기 🎧

キム・ミヌ　初めてお目にかかります。先日、お電話を差し上げたIBSテクノロジーのキム・ミヌです。

高橋部長　日本インダストリー営業部の高橋です。ようこそいらっしゃいました。

キム・ミヌ　本日はお忙しい中、お時間を頂きまして、ありがとうございます。こちらは私の名刺です。

高橋部長　IBSテクノロジーのキム・ミヌさん、商品開発部にお勤めですね。私の名刺も差し上げましょう。日本へはいつお着きになりましたか。

キム・ミヌ　昨日の午後3時の便で到着しました。

高橋部長　それはさぞかしお疲れでしょう。

キム・ミヌ　本日お伺いいたしましたのは、お電話でも申し上げましたが、先月から私が御社を担当する<u>ことになりまして</u>【표현❶】ご挨拶に上がりました。

高橋部長　わざわざご丁寧にありがとうございます。立ち話も何ですから、どうぞそちらにお座りになってください。

キム・ミヌ　はい。それではお言葉に甘えまして。

### 🔍 확인 질문

**Q1.** キム・ミヌさんは会社のどの部署で働いていますか。

**Q2.** キム・ミヌさんはいつ日本に着きましたか。

---

**보충 어휘**
忙(いそが)しい 바쁘다 | 勤(つと)める 근무하다 | 着(つ)く 도착하다, 다다르다 | 便(びん) 편(교통수단 관련)
到着(とうちゃく)する 도착하다 | さぞかし 아무래도, 얼마나 | 疲(つか)れる 피로해지다, 지치다
丁寧(ていねい)だ 정중하다 | 立(た)ち話(ばなし) 서서 이야기함 | 座(すわ)る 앉다
お言葉(ことば)に甘(あま)える 말씀을 고맙게 받들다

## 상황 ❷ ▶ 전임자의 근황과 출장 목적 공유하기 🎧

高橋部長　前任者のパク・ヒョンスさんはお元気ですか。

キム・ミヌ　ええ、おかげさまで。パクは私と入れ替わりで総務部に人事異動となりました。高橋部長にくれぐれもよろしくお伝えくださいと申しておりました。

高橋部長　そうですか。パクさんはとても熱心で誠実な方でした。キムさんにもこれからいろいろお世話になりますが、どうかよろしくお願いします。

キム・ミヌ　一生懸命頑張ります。こちらこそよろしくお願いいたします。

高橋部長　最近、御社との取り引きが好調で、当社としても大変うれしく思っています。ところで今回のご出張のご予定はどうなっていますか。せっかくいらっしゃったのですから、いろいろ事業のお話もお聞きしたいのですが。

キム・ミヌ　はい、しばらく日本に滞在する予定です。新しい製品や事業の展開についてご説明したり、時間があれば名古屋の工場も見学したりしたいと思っています。

### 🔍 확인 질문

**Q1** キム・ミヌさんの前の担当者は誰で、今どの部署にいますか。

**Q2** キム・ミヌさんは今回の出張で何をしたいと思っていますか。

---

**보충 어휘**
入いれ替かわり 교대, 교체　|　人事異動じんじいどう 인사이동　|　くれぐれも 아무쪼록, 부디
熱心ねっしんだ 열심이다　|　誠実せいじつだ 성실하다　|　一生懸命いっしょうけんめい 매우 열심히
頑張がんばる 분발하다　|　好調こうちょう 호조, 상황이 잘 돌아감　|　滞在たいざい 체류　|　事業じぎょう 사업
展開てんかい 전개

## 04 文法ぶんぽう
### 필수! BIZ 문법

---

**01**  お / ご + 동사의 ます형 / 동작성 한자어 + になる = ~하시다

★ 상대방의 언행을 높이는 존경표현이다. 한국어와 마찬가지로 일본어는 경어가 매우 발달된 언어이다. 다음 @ 부분에 들어가는 말을 바꿔가면서 존경, 겸양 등 다양한 경어표현을 만들 수 있다.

お / ご + ます형 / 동작성 한자어 + @ → 경어표현   존경표현 / 겸양표현

例 メニューはこちらからご自由じゆうにお選えらびになれます。
메뉴는 여기서 자유롭게 선택하실 수 있습니다.

例 詳くわしい内容ないようはこちらのパンフレットをご参考さんこうになるとよくお分わかりになると思おもいます。
자세한 내용은 이 팸플릿을 참고하시면 잘 이해하실 수 있을 것입니다.

参考さんこうにする 참고하다
間まもなく 이윽고, 곧, 머지않아
閉館時間へいかんじかん 폐관 시간

✎ 문형을 사용하여 작문해 봅시다.

① 間もなく閉館へいかんじかん時間です。早はやく _____ になってください。

---

**02**  お / ご + 동사의 ます형 / 동작성 한자어 + する(いたす) = ~해 드리다

★ 나의 언행을 낮춤으로써 상대방을 높이는 겸양표현이다.

例 応募方法おうぼほうほうについては後日ごじつお知しらせします。
응모방법에 대해서는 나중에 알려 드리겠습니다.

例 今回こんかいの企画きかくについては私わたくしからご説明せつめいいたします。
이번 기획에 대해서는 제가 설명해 드리겠습니다.

*Point* 일본어 경어의 정도 비교 : 부가방식 < 교환방식

일본어의 경어표현에서 만들 때 동사의 일부를 변화시켜서 만드는 방식을 '부가방식(付加方式)'이라 하고, 동사 자체를 다른 것으로 바꾸는 방식을 '교환방식(交換方式)'이라 한다. 일반적으로 부가방식보다 교환방식이 경의를 표하는 강도가 높다. 그 관계를 비교해 보면 다음과 같다.

話はなす         <   話はなされる   <   お話はなしになる   <   おっしゃる
사전형                              부가방식              교환방식

値段ねだん 값, 가격

✎ 문형을 사용하여 작문해 봅시다.

① こちらの商品しょうひんですね。今いますぐお値段ねだんを _____ いたします。

## 05 応用練習
## 응용 연습

빈칸을 채워 대화문을 완성하고, 파트너와 말하기 연습을 해 봅시다.

**01**
私 | 初めてお目にかかります。＿＿＿＿＿＿＿＿＿＿＿＿＿＿＿＿＿＿＿＿＿＿。
▶ 지난 번 전화 드렸던 KPI테크놀로지의 박충일입니다.

担当者 | ジャパン・ケミカル技術開発部の山田です。ようこそいらっしゃいました。

**02**
担当者 | 日本へはいつ到着されましたか。

私 | ＿＿＿＿＿＿＿＿＿＿＿＿＿＿＿＿＿＿＿＿＿＿＿＿＿＿＿＿＿＿＿＿＿。
▶ 그제 오전 10시 편에 도착했습니다.

**03**
担当者 | 立ち話もなんですから、どうぞこちらにお座りになってください。

私 | ＿＿＿＿＿＿＿＿＿＿＿＿＿＿＿＿＿＿＿＿＿＿＿＿＿＿＿＿＿＿＿＿＿。
▶ 네, 그러면 감사히 말씀을 따르겠습니다.

**04**
担当者 | 前任者のイ・ジンウさんはお元気ですか。

私 | ええ、おかげさまで。＿＿＿＿＿＿＿＿＿＿＿＿＿＿＿＿＿＿＿＿＿。
▶ 아무쪼록 안부 말씀을 잘 전해달라고 했었습니다.

**05**
担当者 | 今回のご出張の予定はどうなっていますか。

私 | ＿＿＿＿＿＿＿＿＿＿＿＿＿＿＿＿＿＿＿＿＿＿＿＿＿＿＿＿＿＿＿＿＿。
▶ 네, 다음 주 수요일에 오키나와에 다녀올 예정입니다.

---

**보충 어휘**　お目にかかる 만나뵙다　|　技術 ぎじゅつ 기술

## 06 ロールプレー
### 필수! BIZ 롤플레이

학습한 주요 어휘 및 표현을 활용하여, 다음과 같은 상황에서 파트너와 롤플레이를 진행해 봅시다.

**状況(じょうきょう)** A사의 사원이 새롭게 맡게 된 거래처인 B사의 도쿄지부에 방문하여 거래처 담당자와 첫 만남을 가지게 되었습니다.

A社の社員(しゃ・しゃいん)
① 거래처 담당자에게 정중하게 첫 인사를 나눕니다.
② 선배가 설명해 준 내용 중 궁금한 점을 하나 골라 구체적인 방법을 질문합니다.
③ 상대방의 안부, 근황 등 가벼운 대화를 나눕니다.

クライアント
① 환영의 뜻을 담아 정중하게 A사의 사원을 맞이합니다.
② 상대방이 건넨 명함을 받아 회사명, 부서명, 성명 등을 소리 내어 읽으며 확인합니다.
③ 상대방에게 자리를 권하고, 부담되지 않는 화제를 골라 편안한 분위기를 조성합니다.

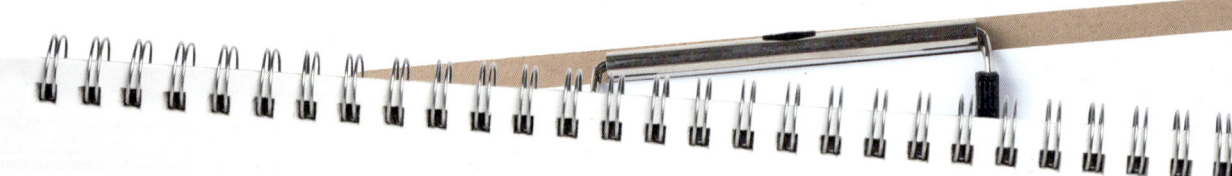

## 日本出張 Tip!
### 명함교환, 첫 만남에 신뢰 얻기

명함 전용 케이스를 준비해 두었다가 방문자가 먼저 상대방에게 건네준다. 면담 중에는 테이블 위에 올려놓고 대화 도중에 착오나 실례가 없도록 수시로 확인한다. 받은 명함에는 방문날짜, 용건, 상대방의 특징 등을 메모해 놓으면 나중에 도움이 될 것이다.

그리고 첫인상이 매우 중요하다. 상대방에게 실례가 되는 언행이 없도록 각별히 신경을 써야 한다. 성과를 내야 한다는 조바심에 처음부터 본인을 내세우거나 개성을 드러내는 일이 없도록 조심하고 올바른 말투와 매너로 비즈니스 파트너로서 상대방에게 좋은 인상을 줄 수 있게 노력한다.

이름을 밝힐 때는 풀네임(full name)으로 알려준다. 명함은
① 방문자가 먼저 건넨다.
② 상대방의 얼굴 또는 눈을 보면서 건넨다.
③ 지위가 낮은 사람이 먼저 건넨다.
④ 이름이나 회사명 부분을 손으로 가리지 않는다.

# 3課 製品説明
### せいひんせつめい

제품 설명

**학습목표**
① 기존 제품과 비교하여 신제품의 특징과 장점을 구체적으로 소개할 수 있다.
② 신제품의 판매 상황을 설명하고 앞으로의 판매를 전망할 수 있다.

**주요패턴**
- ~について / ~に関して　　~에 대해서 / ~에 관해서
- ~はこちらでございます。　~는 여기 있습니다.
- ~の件でございますが、　　~건에 대해서 말입니다만,

## イメージトーク
이미지 토크

다음 사진을 보면서 아래의 키워드를 활용하여 주어진 상황에 대해 일본어로 말해 봅시다.

| Key Words | 製品<br>せいひん | 説明<br>せつめい | 発表する<br>はっぴょう | 満足<br>まんぞく | 長所<br>ちょうしょ |

01 ▶ 위 사진을 보고 상황, 인물 등에 대해 자유롭게 묘사해 봅시다.
02 ▶ 거래처 담당자에게 자사 제품을 소개할 때 사전에 어떤 준비를 해야 할까요? 이야기 해 봅시다.

# 01 語彙
## 필수! BIZ 어휘

아래 어휘를 따라 읽고, 빈 칸을 채워 문장을 완성해 봅시다.

| | | | |
|---|---|---|---|
| ☐ 新製品 (しんせいひん) | 신제품 | ☐ 傾向 (けいこう) | 경향 |
| ☐ サンプル | 샘플 | ☐ 画期的だ (かっきてきだ) | 획기적이다 |
| ☐ カタログ | 카탈로그 | ☐ 業界 (ぎょうかい) | 업계 |
| ☐ 特徴 (とくちょう) | 특징 | ☐ 効果的だ (こうかてきだ) | 효과적이다 |
| ☐ 慎重だ (しんちょうだ) | 신중하다 | ☐ 売り込み (うりこみ) | 세일즈, 판촉 |
| ☐ 分野 (ぶんや) | 분야 | ☐ もっともだ | 당연하다 |
| ☐ お越し (おこし) | 방문 | ☐ 柔軟性 (じゅうなんせい) | 유연성 |
| ☐ お尋ね (おたずね) | 문의, 질문 | ☐ 押し付ける (おしつける) | 강요하다 |
| ☐ 苦手だ (にがてだ) | 질색이다 | ☐ 逆効果 (ぎゃくこうか) | 역효과 |
| ☐ いたずらに | 쓸데없이 | ☐ 従来 (じゅうらい) | 종래, 기존 |

### 실전 Point! 거래처 관계자들에게 자사 제품을 세일즈할 때

**お忙しいでしょうから、手短にご説明いたします。** 바쁘시니까, 짧게 설명 드리겠습니다.

➡ 세일즈를 잘 못하는 사람일수록 상대방에게 어필하고 싶은 내용이 정리되어 있지 않고, 괜히 이야기가 길어질 수 있다. "기회는 단 한번 뿐!", 가능하면 1분 이내에 이야기를 정리하자.

**お客様のお言葉もごもっともでございます。** 고객님의 말씀도 합당합니다.

➡ 세일즈가 성공하기 위해서는 자사 제품을 어필할 뿐만 아니라 때로는 유연성이 필요하다. "급하면 돌아가라!", 일방적으로 자기가 말하고 싶은 것을 강요하는 것은 역효과이다. 상대방의 주장이나 의견에도 충분히 귀를 기울이자.

## 02 表現 (ひょうげん)
### 필수! BIZ 표현

아래 문장을 읽고, 패턴을 활용해 새로운 문장을 만들어 봅시다.

### 01  ~について / ~に関(かん)して  ~에 대해서 / ~에 관해서

① この問題(もんだい)については慎重(しんちょう)に話(はな)し合(あ)う必要(ひつよう)があります。
이 문제에 대해서는 신중히 의논할 필요가 있습니다.

② その分野(ぶんや)に関(かん)してはまだ研究(けんきゅう)されていません。
그 분야에 관해서는 아직 연구되지 않았습니다.

③ 　　　　　　　　に関(かん)してあなたはどう思(おも)いますか。
에 관해서 당신은 어떻게 생각합니까?

**Tip!** ~について와 ~に関(かん)して는 의미상에 큰 차이가 없지만 ~に関(かん)して가 보다 정중한 어감을 준다.

### 02  ~はこちらでございます。  ~는 여기 있습니다.

① 部長(ぶちょう)、前回(ぜんかい)のプロジェクトの報告書(ほうこくしょ)はこちらでございます。
부장님, 지난 번 프로젝트 보고서는 여기 있습니다.

② お客様(きゃくさま)がお探(さが)しの製品(せいひん)のサンプルはこちらでございます。
고객님께서 찾으시는 제품의 샘플은 여기 있습니다.

③ 　　　　　　　　　　　　　はこちらでございます。
(는) 여기 있습니다.

### 03  ~の件(けん)でございますが、 ~건에 대해서 말입니다만,

① 次回(じかい)のお食事会(しょくじかい)の件(けん)でございますが、いかがいたしましょうか。
다음 회식 건에 대해서 말입니다만, 어떻게 하시겠습니까?

② お尋(たず)ねの件(けん)でございますが、担当者(たんとうしゃ)の方(ほう)から詳(くわ)しくご説明(せつめい)いたします。
질문하신 건에 대해서 말입니다만, 담당자가 자세히 설명해 드리겠습니다.

③ 　　　　　　　　　　の件(けん)でございますが、是非(ぜひ)ともご再考(さいこう)をお願(ねが)いいたします。
건에 대해서 말입니다만, 부디 재고해주시기 바랍니다.

## 03 会話
**필수! BIZ 회화**

### 상황 ❶ ▶ 신제품 소개하기

[応接室で]

キム・ミヌ　高橋部長、先日は大変お世話になりました。

高橋部長　いえいえ、こちらこそ日本到着早々挨拶に来ていただいて恐縮でした。今日は是非新しい製品開発の状況についてお話を聞かせてください。

キム・ミヌ　はい、そのつもりでカタログとサンプルをいくつか準備して参りました。

高橋部長　隣の会議室へどうぞ。ノートパソコン、インターネットも準備しておきました。

キム・ミヌ　ありがとうございます。

[会議室で]

キム・ミヌ　それでは先ほどお渡ししたカタログをご覧ください。1ページから3ページまでは従来の製品、4ページからは今回発売した新製品です。サンプルはこちらでございます。

高橋部長　あら、かなりコンパクトになりましたね。

キム・ミヌ　はい、御社から購入した素材を使用し、新しい技術を導入しました。正式なリリースの前に韓国内でソフトローンチを行いましたが、大変好評でした。

高橋部長　それは期待ができますね。

### 확인 질문

**Q1.** 今日、キム・ミヌさんが取引先を訪問した目的は何ですか。

**Q2.** これまでの製品と比べて新製品のサイズはどうですか。

---

**보충 어휘**　早々 そうそう 급히, 빨리, ~(하)자마자 | 渡 わたす 건네주다 | 素材 そざい 소재
ソフトローンチ 신제품 출시 전에 시험적으로 공개하는 것

## 상황 ❷ ▶ 신제품의 판매 상황과 전망 설명하기

**高橋部長** 大きさや重さに関してはどうですか。 [표현❶]

**キム・ミヌ** カタログに諸元リストがありますので、そちらをご覧になってください。

**高橋部長** どれどれ。ああ、確かに。以前より平均で10%は小型になりましたね。

**キム・ミヌ** はい、それに今回は製品の軽量化に加えて、斬新なデザインをコンセプトにしました。

**高橋部長** どうりで従来の製品よりもずっと洗練されていますね。

**キム・ミヌ** おかげさまで韓国内での売れ行きは上々で、ここ数ヶ月販売実績が飛躍的に伸びています。

**高橋部長** 今後の見通しはどうですか。

**キム・ミヌ** その件でございますが、来年は今年比80%の売り上げ増を見込んでいます。 [표현❸]

**高橋部長** それは頼もしい！当社としても喜んでご協力しますよ!!

### 확인 질문

**Q.1** これまでの製品に比べて新製品の大きさや重さはどうですか。

**Q.2** 新製品の売れ行きと今後の見通しはどうですか。

---

**보충 어휘**　平均へいきん 평균 | 小型こがた 소형 | 軽量化けいりょうか 경량화 | 斬新ざんしんだ 참신하다 | どうりで 어쩐지
洗練せんれんされる 세련되다 | 売うれ行ゆき 판매상황 | 上々じょうじょうだ 매우 좋다 | 実績じっせき 실적
飛躍的ひやくてきだ 비약적이다 | 伸のびる 늘다, 신장되다 | 見通みとおし 전망 | 今年比こんねんひ 금년 대비
売うり上あげ増ぞう 매상 증가 | 見込みこむ 전망하다, 예상하다 | 頼たのもしい 믿음직하다, 신뢰가 가다

## 04 文法 ぶんぽう
### 필수! BIZ 문법

---

### 01 동사 て형 + いる、ある ~하고 있다 / ~해져 있다 / ~해 두었다

★ て형 + いる 표현에는 ①~하고 있다(진행표현), ②~해져 있다(상태표현)의 두 가지 종류가 있다.
て형 + ある 표현은 ③~해 두었다는 의미인데 이 때 ある 앞에는 타동사만 온다.

例 今、会社の同僚たちとレストランで夕食をとっています。
지금 회사 동료들과 레스토랑에서 저녁식사를 하고 있습니다.

例 あのワゴン車は三日前からあそこに止まっています。
저 봉고차는 3일 전부터 저기에 서 있습니다.

例 あのワゴン車は三日前からあそこに止めてあります。
저 봉고차는 3일 전부터 저기에 세워 두었습니다.

同僚 どうりょう 동료

★ ②과 ③은 같은 상황을 표현하고 있지만 ②에 비해 ③은 어떤 사유나 목적을 위해 의도적으로
그 행위를 했다는 의미가 강하다.

✎ 문형을 사용하여 작문해 봅시다.

1⟩ _____ てあります。

---

### 02 그 밖의 て형 + 보조동사 표현

★ ① ~てみる ~해 보다    ② ~ておく ~해 놓다    ③ ~てしまう ~해 버리다

例 もう一度メールを送ってみましょう。
다시 한번 (이)메일을 보내 봅시다.

例 ここは通路なので、私物は置いておかないように。
여기는 통로라서 개인적인 짐은 놓아두지 않도록 (하세요).

例 うっかり彼にこの計画について話してしまいました。
별 생각 없이 그에게 이 계획에 대해서 이야기해 버렸습니다.

私物 しぶつ
개인적인 물건

うっかり
별 생각 없이, 깜빡하고
計画 けいかく 계획

✎ 문형을 사용하여 작문해 봅시다.

1⟩ _____ て _____ 。

---

第3課 • 製品説明 제품 설명

# 05 応用練習
## 응용 연습

빈칸을 채워 대화문을 완성하고, 파트너와 말하기 연습을 해 봅시다.

**01**
 私　｜ ＿＿＿＿＿＿＿＿＿＿＿＿＿＿＿＿＿＿＿＿＿＿＿＿＿＿＿＿＿＿＿＿＿。
▶ 부장님, 일전에는 신세를 많이 졌습니다.

 担当者　｜ こちらこそ、わざわざお越しいただきまして、ありがとうございました。

**02**
 担当者　｜ 今日は新製品の情報についてお話を聞かせてください。

 私　｜ ＿＿＿＿＿＿＿＿＿＿＿＿＿＿＿＿＿＿＿＿＿＿＿＿＿＿＿＿＿＿＿＿＿。
▶ 네, 그것 때문에 새로운 브로슈어를 준비해 왔습니다.

**03**
担当者　｜ ほう、かなり軽くなりましたね。

 私　｜ ＿＿＿＿＿＿＿＿＿＿＿＿＿＿＿＿＿＿＿＿＿＿＿＿＿＿＿＿＿＿＿＿＿。
▶ 네, 귀사에서 구입한 신소재를 사용해 경량화 시켰습니다.

**04**
担当者　｜ エンジンの性能についてはどうですか。

 私　｜ ＿＿＿＿＿＿＿＿＿＿＿＿＿＿＿＿＿＿＿＿＿＿＿＿＿＿＿＿＿＿＿＿＿。
▶ 카탈로그에 자료가 있으니까 그것을 참고하시기 바랍니다.

**05**
 担当者　｜ 今年の売れ行きはどうですか。

 私　｜ ＿＿＿＿＿＿＿＿＿＿＿＿＿＿＿＿＿＿＿＿＿＿＿＿＿＿＿＿＿＿＿＿＿。
▶ 그 건에 대해서 말입니다만, 올해는 작년 대비 20% 매상 증가로 전망하고 있습니다.

---

보충 어휘　　情報 じょうほう 정보　｜　ブローシャー 브로슈어　｜　エンジン 엔진　｜　性能 せいのう 성능

## 06 ロールプレー
### 필수! BIZ 롤플레이

학습한 주요 어휘 및 표현을 활용하여, 다음과 같은 상황에서 파트너와 롤플레이를 진행해 봅시다.

**状況 (じょうきょう)** 새로 출시 예정인 신제품을 확인하기 위해 거래처 담당자가 가전제품 제조회사에 방문하였습니다. 공장 견학 전, 제품개발팀 담당자는 간략한 미팅을 통해 신제품에 대한 내용을 공유하려고 합니다.

**製品開発部 (せいひんかいはつぶ)**
1. 제품 설명에 필요한 자료를 상대방에게 전달합니다.
2. 신제품의 특징 및 장점 등을 상대방에게 설명합니다.
3. 상대방의 질문에 정중하게, 가능한 한 구체적으로 답변합니다.

**クライアント**
1. 상대방에게 신제품 개발 현황에 관한 정보를 제공하도록 부탁합니다.
2. 설명에 필요한 기자재가 준비되어 있음을 전달합니다.
3. 설명을 듣고 관심을 가진 내용에 대해서 질문합니다.

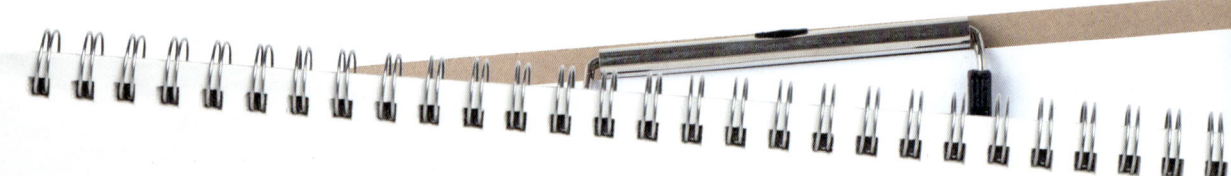

## 日本出張 Tip!
### 잘 나가는 영업인의 비법 "양면제시(両面提示)의 법칙"

**세일즈 발상의 전환**
영업 담당자라면 당연지사 자사 제품의 우수한 점을 부각시키려고 애쓰는 법. 하지만 장점만을 강조하는 세일즈는 오히려 고객의 마음을 식상하게 만들고 구매의욕을 떨어뜨리는 역효과를 가져올 수가 있다. 언뜻 상식을 벗어난 것처럼 보이지만 과감한 발상의 전환을 통해 나의 세일즈 방법을 한 단계 더 업그레이드 시켜보자!

❶ **제품의 장점을 당당하게 설명한다.**
고객에게 자사 제품의 뛰어난 성능이나 철저한 AS 시스템 등 장점을 알리는 것은 영업인의 사명. 하지만 아무리 좋은 제품이라도 장점만을 너무 강조하다 보면 의심을 사게 되는 것이 사람의 심리이다. 임팩트 있게 자사제품의 장점을 어필하되 도를 넘지 말자.

❷ **제품의 작은 결점을 알리고, 이를 장점으로 연결시킨다.**
모든 면에서 최고가 될 수 없는 법. 정직하고 용기 있는 자세로 자사 제품이 가진 작은 결점을 알림으로써 고객의 신뢰를 얻는다. 그 후 특화된 자사 제품의 장점으로 연결시킨다. 고객과의 대화를 통해 고객의 생활양식이나 사용처를 정확히 파악한 다음 자사 제품의 작은 결점이 고객에게 영향을 주지 않고 오히려 특화된 장점을 누릴 수 있음을 보완해서 설명한다면 매우 효과적인 세일즈 방법이 될 수 있다.

# 4課 移動と宿泊
## 이동과 숙박

**학습목표**
1. 일본 내에서 택시를 이용하여 원하는 목적지로 이동할 수 있다.
2. 목적지에 도착 후 정해진 수속을 밟고 호텔 직원의 물음에 답할 수 있다.

**주요패턴**
- ~までお願（ねが）いします。　　　~로 가 주세요.
- ~はどのくらいかかりますか。　　~에 가려면 (시간이) 얼마나 걸립니까?
　　　　　　　　　　　　　　　　　(요금/비용이) 얼마나 듭니까?
- AとBとどちらがよろしいですか。　A와 B 중 어떤 것이 좋으시겠습니까?

## イメージトーク
### 이미지 토크

다음 사진을 보면서 아래의 키워드를 활용하여 주어진 상황에 대해 일본어로 말해 봅시다.

| **Key Words** | タクシー | ドライバー | 行（い）き先（さき） | 所要時間（しょようじかん） | 領収書（りょうしゅうしょ） |

01 ▶ 위 사진을 보고 상황, 인물 등에 대해 자유롭게 묘사해 봅시다.
02 ▶ 해외에서 택시를 이용해 본 경험이 있나요? 우리나라 택시와의 공통점과 차이점을 비교해 봅시다.

# 01 語彙
## 필수! BIZ 어휘

아래 어휘를 따라 읽고, 빈 칸을 채워 문장을 완성해 봅시다.

| | | | |
|---|---|---|---|
| ☐ 故障(こしょう) | 고장 | ☐ クレジットカード | 신용카드 |
| ☐ 修理(しゅうり)する | 수리하다 | ☐ 電子(でんし)マネー | 전자화폐 |
| ☐ 費用(ひよう) | 비용 | ☐ 送(おく)り迎(むか)え | 송영, 전송과 마중 |
| ☐ 通路側(つうろがわ) | 통로 쪽 | ☐ 利用(りよう)する | 이용하다 |
| ☐ 窓側(まどがわ) | 창가 쪽 | ☐ 接待(せったい) | 접대 |
| ☐ 座席(ざせき) | 좌석 | ☐ 提供(ていきょう)する | 제공하다 |
| ☐ ハイヤー | 하이야(hire), 일본식 전세택시 | ☐ 幅広(はばひろ)く | 폭넓게 |
| ☐ 料金(りょうきん) | 요금 | ☐ 鉄道輸送(てつどうゆそう) | 철도수송 |
| ☐ 計算(けいさん)する | 계산하다 | ☐ 民営化(みんえいか) | 민영화 |
| ☐ 現金(げんきん) | 현금 | ☐ 互換性(ごかんせい) | 호환성 |

### 실전 Point! 일본의 대중교통수단

**하이야(hire)**

➡ 일본에는 일반적인 택시 외에 '하이야(hire)'라고 불리는 운송수단이 있다. 택시는 승차에서 하차까지의 거리에 따라 요금이 결정되지만 하이야는 차고지 출발에서 차고지 귀착까지의 소요시간에 의해 요금이 계산된다. 하이야는 완전 예약제로, 주로 특별한 손님을 송영하거나 단체출장 등에 이용되고 있다.

**JR과 사철**

➡ 일본의 철도회사는 1987년 옛 국철(국유철도)이 민영화된 'JR ( Japan Railways의 생략어 )'과 국민간이 경영하는 '사철'의 2종류로 나뉜다. JR은 JR홋카이도, JR히가시니혼, JR도카이, JR니시니혼, JR시코쿠, JR규슈의 여섯 개 회사가 JR그룹을 구성하고 이루고 있다. 한편 JR과 마찬가지로 JR과 함께 일본의 철도수송에 큰 역할을 하고 있는 사철은 현재 전국에 135개 회사가 있다. 환승 시 티켓 호환성이 없는 경우가 많으므로 주의하자.

## 02 表現
### 필수! BIZ 표현

아래 문장을 읽고, 패턴을 활용해 새로운 문장을 만들어 봅시다.

### 01 ~までお願いします。 ~로 가 주세요.

① 新宿アルタ前までお願いします。
신주쿠 알타 앞으로 가 주세요.

② 運転手さん、少し遠いですが、横浜までお願いできますか。
기사님, 조금 멀지만 요코하마까지 가주실 수 있나요?

③ すみません。　　　　　　　　　　までお願いしたいんですが。
실례합니다.　　　　　　　　　　로 가주시겠어요?

### 02 ~はどのくらいかかりますか。
~에 가려면 (시간이) 얼마나 걸립니까? / (요금/비용이) 얼마나 듭니까?

① ここから道頓堀は歩いてどのくらいかかりますか。
여기서 도톤보리까지 걸어서 얼마나 걸립니까?

② 故障ですね。修理するのに10,000円かかるでしょう。
고장 났네요. 수리하는 데 10,000엔 들 거예요.

③ 今回の　　　　　　　　　　の費用はどのくらいかかると思いますか。
이번　　　　　　　　　　비용이 얼마나 들 거라고 생각합니까?

### 03 AとBとどちらがよろしいですか。 A와 B 중 어떤 것이 좋으시겠습니까?

① 通路側のお座席と窓側のお座席とどちらがよろしいですか。
통로 쪽 좌석과 창가 쪽 좌석 중 어떤 것이 좋으시겠습니까?

② お部屋はシングルとダブル、どちらがよろしいですか。
방은 싱글과 더블 중 어떤 것이 좋으시겠습니까?

③ お客様、お食事は　　　　　と　　　　　とどちらがよろしいですか。
손님, 식사는　　　　　와(과)　　　　　중 어느 것으로 하시겠습니까?

> **Tip!**
> 실제 회화에서는 두 번째 'と'가 생략되는 경우가 많다.

## 03 会話
**필수! BIZ 회화**

### 상황 ① ▶ 택시 승차 및 이동하기 🎧

**[タクシー乗り場で]**

運転手　こんにちは。どちらまで行かれますか。

キム・ミヌ　東京駅までお願いします。 **표현❶**

運転手　外国の方ですか。日本へはお仕事でいらっしゃいましたか。

キム・ミヌ　はい、韓国から出張に来ました。今日は、名古屋へ工場見学に行くんです。それにしてもだいぶ道が込んでいますね。時間はどのくらいかかりますか。 **표현❷**

運転手　そうですね。30分ほどかかりますよ。ちょうど今、通勤ラッシュですから。

キム・ミヌ　すみませんが、少し急いでください。8時15分の新幹線に乗りますから。

**[東京駅で]**

運転手　さあ、お客さん、着きましたよ。料金は4,500円です。

キム・ミヌ　よかった。おかげで間に合いました。支払いはクレジットカードでお願いします。あっ、それから領収証も切ってください。

### 확인 질문

**Q1.** キム・ミヌさんがタクシーに乗った目的は何ですか。また、行き先はどちらですか。

**Q2.** キム・ミヌさんが運転手に払った料金はいくらですか。

---

**보충 어휘**　タクシー乗のり場ば 택시 승강장 ｜ 運転手うんてんしゅ 운전기사 ｜ 東京駅とうきょうえき 도쿄역 ｜ それにしても 그건 그렇고 ｜ だいぶ 상당히, 꽤 ｜ 道みちが込こむ 길이 막히다, 정체하다 ｜ 通勤つうきんラッシュ 통근시간 러시아워 ｜ 新幹線しんかんせん 신칸센(일본의 고속전철) ｜ 支払しはらい 지불 ｜ 領収証りょうしゅうしょう 영수증

## 상황 ❷ ▶ 호텔 체크인하기 🎧

| | |
|---|---|
| フロントスタッフ | ようこそ。名古屋グランドホテルへ。 |
| キム・ミヌ | 先日予約した韓国のキム・ミヌですが、チェックインお願いします。 |
| フロントスタッフ | ご確認いたしますので少々お待ちくださいませ。ああ、キム・ミヌさま。今日からご一泊、シングルルームでのお泊まりでいらっしゃいますね。 |
| キム・ミヌ | そうです。 |
| フロントスタッフ | お手数ですが、こちらの宿泊者カードにご記入ください。お名前、ご住所、お勤め先をお書きください。恐れ入りますが、パスポートをいただけますか。コピーを取らせていただきます。 |
| キム・ミヌ | キム・ミヌ、大韓民国ソウル市、IBSテクノロジー、これでいいですか。それからパスポートはこちらです。 |
| フロントスタッフ | はい、ありがとうございます。お部屋は1102号室、こちらがルームキーでございます。明日の朝食は6時半から9時半まででございますが、和食と洋食とどちらがよろしいですか。 표현 ❸ |

### 확인 질문

Q1. キム・ミヌさんが泊まった客室のタイプは何ですか。

Q2. 宿泊者カードにはどんな内容を記入しますか。

---

**보충 어휘**  チェックイン 체크인 ⇔ チェックアウト 체크아웃 | 確認かくにんする 확인하다 | 一泊いっぱく 1박
シングルルーム 싱글룸 cf) ダブルルーム, ツインルーム | お泊とまり 숙박
お手数てすうですが 번거로우시겠지만 | 宿泊者しゅくはくしゃカード 투숙객 카드 | 勤つとめ先さき 근무처
朝食ちょうしょく 조식, 아침식사 | 和食わしょく 일본식 식사 | 洋食ようしょく 양식

# 04 文法
## 필수! BIZ 문법

### 01  동사의 ます형 / 동작성 한자어 + に + 이동 동사 (行く・来る・帰る・戻る)   ~하러 (가다/오다/돌아가다)

★ 그 행위를 무엇 때문에 하는지 목적을 나타내는 표현이다. ~に 뒤에는 이동과 관련된 동사가 온다.

例 もう12時過ぎましたよ。早くお昼ごはんを食べに行きましょう。
벌써 12시가 지났어요. 빨리 점심 먹으러 갑시다.

過ぎる 지나다

例 彼女は英語の勉強にイギリスに留学しました。
그녀는 영어를 공부하러 영국에 유학 갔습니다.

✎ 문형을 사용하여 작문해 봅시다.

1️⃣ 今週末は _____ に行きませんか。

---

### 02  お / ご + 동사의 ます형 / 동작성 한자어 + ください  =  ~해 주십시오 / ~해 주시기 바랍니다

例 アンケート用紙にあなたの率直なご意見をお書きください。
설문지에 당신의 솔직한 의견을 써 주십시오.

アンケート用紙ようし 앙케이트 용지, 설문지
率直そっちょくな 솔직한

例 こちらをご覧ください。新しく開発された製品です。
이쪽을 보시기 바랍니다. 새로 개발된 제품입니다.

書類しょるい 서류

✎ 문형을 사용하여 작문해 봅시다.

1️⃣ この書類を部長に _____ ください。

# 05 応用練習 (おうよう れんしゅう)
## 응용 연습

빈칸을 채워 대화문을 완성하고, 파트너와 말하기 연습을 해 봅시다.

**01**
- 運転手(うんてんしゅ): こんにちは。どちらまで行かれますか。
- 私(わたし): _____。
  ▶ 후쿠오카타워로 가주세요.

**02**
- 私(わたし): _____。
  ▶ 길이 많이 막히네요. 시간은 얼마나 걸릴까요?
- 運転手(うんてんしゅ): 2,30分かかりますよ。今日は金曜日ですからね。

**03**
- 運転手(うんてんしゅ): お客さん、目的地に着きました。料金は3,300円です。
- 私(わたし): _____。
  ▶ 현금으로 지불할게요. 그리고 영수증을 주세요.

**04**
- ホテルスタッフ: ようこそ。札幌(さっぽろ)シティーホテルへ。
- 私(わたし): _____。
  ▶ 한국에서 온 한시온입니다만 체크인 부탁합니다.

**05**
- フロントスタッフ: こちらの宿泊者(しゅくはくしゃ)カードにご記入(きにゅう)ください。お名前(なまえ)、ご住所(じゅうしょ)、勤め先(つとめさき)をお書(か)きください。
- 私(わたし): _____。
  ▶ 정다훈, 대한민국 수원시, AB전자, 이렇게 쓰면 되겠습니까?

**보충 어휘**  福岡(ふくおか)タワー 후쿠오카타워

## 06 ロールプレー
### 필수! BIZ 롤플레이

학습한 주요 어휘 및 표현을 활용하여, 다음과 같은 상황에서 파트너와 롤플레이를 진행해 봅시다.

**状況(じょうきょう)**  A사의 직원이 출장지인 일본에서 스케줄 변동으로 인해 예약 없이 호텔에 묵게 되었습니다. A사의 직원은 원하는 조건으로 숙박을 할 수 있도록 호텔 프론트에서 호텔 직원과 대화를 나누려고 합니다.

A社(しゃ)の社員(しゃいん)
1. 호텔에 도착하여 당일 숙박이 가능한지 물어봅니다.
2. 숙박일수, 객실 형태, 요금, 흡연 가능 여부 등 희망 조건을 제시합니다.
3. 프론트 직원의 지시에 따라 투숙객 카드를 작성합니다.

フロントスタッフ
1. 프론트에서 손님을 맞이한 후, 숙박 가능한 빈 방이 있는지 확인합니다.
2. 손님이 원하는 숙박 조건을 확인하고 투숙객 카드의 작성 방법을 알려줍니다.
3. 손님이 묵게 될 객실 번호를 알리고 룸 키를 건넵니다.

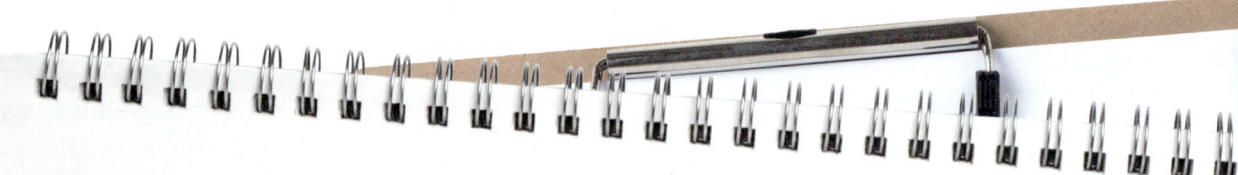

## 日本出張 Tip!
### 호텔 숙박의 시작과 끝, 예약에서 체크아웃까지

**원활한 체크인 요령**
1. 체크인이 몇 시부터 시작되는지 미리 알아두었다가 그 시간에 맞춰서 호텔에 도착하도록 한다. 정해진 시간 전이라도 준비되는 대로 입실이 가능한 호텔, 체크인 시간까지 짐을 보관해 주시는 호텔 등이 있기 때문에 자세한 정보를 프론트에서 확인하자.
2. 우선 프론트에 가서 이름을 밝히며 체크인 작업을 시작한다. 사전에 예약이 돼 있으면 바로 숙박수속을 진행할 수 있고, 만약 예약이 안 돼 있어도 공실이 있으면 체크인이 가능하다.
3. 프론트에서 주는 투숙객 카드를 작성한다. 투숙객이 일본인이라면 주로 성명, 주소, 연락처만 기재하지만 외국인일 경우 여권을 복사하여 보관한다. 체크아웃 시 영수증이 필요하다면 투숙객 카드에 직장명을 기재해 두는 것이 좋다.
4. 대부분의 호텔에서는 인터넷으로 예약하면서 미리 숙박료를 온라인으로 결제할 수 있다. 체크인 시에 숙박료를 선불하는 호텔도 상당수 있으며 최근에는 프론트 주변에 설치된 자동 지불기로 숙박료를 결제하는 호텔도 늘고 있다.

**비즈니스맨의 자존심, 스마트하게 체크아웃하기**
1. 객실에 놓고 갈 물건이 없도록 체크아웃 전에 객실 안을 재확인한다. 일본에서는 팁을 놓고 나오지 않아도 되는 점을 기억해 두자.
2. 숙박료가 후불인 경우 프론트에서 지불한다. 이때 유료비품이나 음료 등 추가요금을 정산한다. 신용카드의 사용이 불가능한 호텔도 있으니 현금을 여유 있게 현금을 준비해 두는 것도 잊지 말자.
3. 키를 반납하고 체크아웃을 완료한다. 필요할 경우 영수증을 줄 것을 요청한다.
4. 체크아웃 후에도 로비, 레스토랑 등 호텔 내부의 부대시설 이용이 가능하므로 시간조절에 활용하자.

# 5課 工場見学
こう じょう けん がく

공장 견학

**학습목표**
① 일본 거래처의 직영공장을 방문해 현장 담당자로부터 생산 현황을 들을 수 있다.
② 공장 안내 담당자와의 질의응답을 통해 공장 현황에 대한 궁금한 내용을 확인할 수 있다.

**주요패턴**
- ~のおかげで / ~のせいで / ~のために   ~덕분에 / ~탓에 / ~때문에
- ~ていただけますか。   ~해 주시겠습니까?
- ~てもよろしいでしょうか。   ~해 드려도 되겠습니까?

## イメージトーク
**이미지 토크**

다음 사진을 보면서 아래의 키워드를 활용하여 주어진 상황에 대해 일본어로 말해 봅시다.

| Key Words | 見学コース (けんがく) | 生産ライン (せいさん) | 案内 (あんない) | 作業服 (さぎょうふく) | ヘルメット |

01 ▶ 위 사진을 보고 상황, 인물 등에 대해 자유롭게 묘사해 봅시다.
02 ▶ 안전하고 유익한 공장 견학이 되려면 어떤 점에 유의하는 것이 좋을까요? 이야기 해 봅시다.

# 01 語彙
## 필수! BIZ 어휘

아래 어휘를 따라 읽고, 빈 칸을 채워 문장을 완성해 봅시다.

- ☐ 金利 (きんり) — 금리
- ☐ 安定する (あんていする) — 안정이 되다
- ☐ 景気 (けいき) — 경기
- ☐ 堅調 (けんちょう) — 견실한 상태
- ☐ 米中貿易 (べいちゅうぼうえき) — 미중무역 cf) 米国 = 미국(美國)
- ☐ 被害 (ひがい) — 피해
- ☐ 被る (こうむる) — (피해 등 안 좋은 영향을) 받다
- ☐ 円高 (えんだか) — 엔고 cf) 円安(えんやす) = 엔저
- ☐ 輸出 (ゆしゅつ) — 수출
- ☐ 輸入 (ゆにゅう) — 수입
- ☐ 伸び悩む (のびなやむ) — 한자리에 머무르다, 좀처럼 발전이 없다
- ☐ 上半期 (かみはんき) — 상반기 cf) 下半期(しもはんき) = 하반기
- ☐ ボリューム — 볼륨, 음량
- ☐ 管理 (かんり) — 관리
- ☐ 重点的だ (じゅうてんてきだ) — 중점적이다
- ☐ 確定する (かくていする) — 확정하다
- ☐ 規模 (きぼ) — 규모
- ☐ メモ帳 (メモちょう) — 메모장
- ☐ 履き物 (はきもの) — 신발

---

### 실전 Point! 공장 견학 시 꼭 준비해야 할 것

**こちらに来る前に工場の概要についてネットで少し調べておきました。**
여기 오기 전에 공장의 개요에 대해 인터넷으로 조금 조사해 두었습니다.

➡ 견학이 확정되면 홈페이지를 보고 공장의 규모, 종업원수, 어떤 제품을 얼마나 생산하고 있는지 등 가급적으로 자세하게 알아두자.

**何かこちらで用意していくものがありますか。** 뭔가 이쪽에서 준비해야 할 것이 있습니까?

➡ 메모용 노트, 필기도구, 카메라 등 견학 당일 사용하는 물건 또는 가져가면 편리한 물건이 적힌 '지참물 리스트'를 작성하자. 또한 움직이기 좋은 복장과 신발도 잊지 말 것.

## 02 表現(ひょうげん)
### 필수! BIZ 표현

아래 문장을 읽고, 패턴을 활용해 새로운 문장을 만들어 봅시다.

### 01 ~のおかげで / ~のせいで / ~のために ~덕분에 / ~탓에 / ~때문에

① 金利(きんり)が安定(あんてい)しているおかげで景気(けいき)は堅調(けんちょう)です。
금리가 안정된 덕분에 경기가 건실한 상승세를 유지하고 있습니다.

② 米中貿易摩擦(べいちゅうぼうえきまさつ)のせいで(ために)深刻(しんこく)な被害(ひがい)を被(こうむ)っています。
미중무역마찰 탓(때문)에 심각한 피해를 받고 있습니다.

③ 円高(えんだか)　　　　輸入(ゆにゅう)は順調(じゅんちょう)ですが、
　その　　　　　輸出(ゆしゅつ)は伸(の)び悩(なや)んでいます。
엔고 덕분에 수입은 순조롭지만 그 탓에 수출은 멈추어 있는 상태입니다.

**Tip!**
~のためにに는
'~을 위해서'라는
뜻도 있다.
例)
あなたのためにコンサートのチケットを買(か)いました。
당신을 위해 콘서트 티켓을 샀습니다.

### 02 ~ていただけますか。 ~해 주시겠습니까?

① その件(けん)については今検討中(いまけんとうちゅう)です。もう少(すこ)し待(ま)っていただけますか。
그 건에 대해서는 지금 검토 중입니다. 조금만 더 기다려 주시겠습니까?

② 明後日(あさって)の会議(かいぎ)で上半期(かみはんき)の実績(じっせき)についてブリーフィングしていただけますか。
모레 회의에서 상반기 실적에 대해 브리핑 해 주시겠습니까?

③ スピーカーのボリュームを　　　　　　　　　　ていただけますか。
스피커 음량을　　　　　　　해 주시겠습니까?

### 03 ~てもよろしいでしょうか。 ~해 드려도 되겠습니까?

① 今日(きょう)は業務(ぎょうむ)が終了(しゅうりょう)しましたので、明日(あす)お答(こた)えしてもよろしいでしょうか。
오늘은 업무가 끝났기 때문에 내일 답변을 드려도 되겠습니까?

② このお皿(さら)、お下(さ)げしてもよろしいでしょうか。
이 접시, 치워 드려도 되겠습니까?

③ お帰(かえ)りの飛行機(ひこうき)のチケットを　　　　　　　　てもよろしいでしょうか。
돌아오시는 비행기 표를　　　　　　해 드려도 되겠습니까?

## 03 会話
### 필수! BIZ 회화

### 상황 ① ▶ 공장 견학하기 1

**工場長**　本日はわざわざご訪問いただき、ありがとうございます。
私、工場長の佐藤と申します。

**キム・ミヌ**　はじめまして。韓国から参りましたIBSテクノロジーのキム・ミヌです。

**工場長**　お話は本社の高橋から伺っております。

**キム・ミヌ**　貴重なお時間をとっていただきまして大変ありがとうございます。
今日は新素材の製造現場を見学させていただけますでしょうか。 [표현②]

**工場長**　了解しました。さっそく担当者を呼んで、ご案内させましょう。

[担当者登場]

**担当者**　それでは歩きながら順番にご説明いたします。現在、当工場には全部でAからEまで五つの生産ラインが設置してありますが、そのうち御社に納品している製品はB, C, Dの三つのラインで生産しています。

**キム・ミヌ**　そうですか。稼働状況はどうですか。

**担当者**　おかげさまで [표현①] 稼働率100%のフル稼働中ですが、生産が注文に追い付かない状態です。

### 확인 질문

Q.1 キム・ミヌさんが工場見学に来た目的は何ですか。

Q.2 IBSテクノロジーに納品する製品の生産状況はどうですか。

---

**보충 어휘**　工場長 こうじょうちょう 공장장 | 貴重 きちょうだ 귀하다, 귀중하다 | 製造現場 せいぞうげんば 제조현장 | 了解 りょうかいする 잘 이해하다 | 順番 じゅんばんに 순번대로, 순서에 따라 | 納品 のうひん 납품 | 稼働 かどう 가동 | ～率 りつ ~률 | 追おい付つく 따라잡다

## 상황 ❷ ▶ 공장 견학하기 2 🎧

| | |
|---|---|
| キム・ミヌ | こちらで働いている従業員は全部で何人ですか。 |
| 担当者 | 直接生産に携わっている者が35人、その他、維持管理や事務の担当を入れて73人です。 |
| キム・ミヌ | そうですか。規模に比べて従業員の人数が少ないですね。 |
| 担当者 | はい、当工場はすべての生産過程が自動制御システムになっていますので。その分、従業員数も少ないですが、故障や事故などのトラブルもほとんど発生しません。 |
| キム・ミヌ | それは素晴らしいですね。新素材の開発もこちらでしているのですか。 |
| 工場長 | それは隣にある研究開発部で行っています。 |
| キム・ミヌ | そちらも見せていただいてもよろしいでしょうか。 〔표현 ❸〕 |
| 工場長 | はい、構いませんよ。昼食の後でご案内しましょう。 |

### 🗣 확인 질문

**Q.1** この工場で働いている従業員の中で、維持管理、事務担当者の人数はどれくらいですか。

**Q.2** 自動制御システムの長所はどんなところですか。

---

**보충 어휘**　従業員 じゅうぎょういん 종업원　│　維持管理 いじかんり 유지관리　│　事務 じむ 사무　│
自動制御 じどうせいぎょ システム 자동제어시스템　│　その分 ぶん 그만큼, 그에 비례해서　│　事故 じこ 사고
隣 となり 이웃, 옆　│　昼食 ちゅうしょく 중식, 점심식사　│　長所 ちょうしょ 장점

# 04 文法
## 필수! BIZ 문법

### 01 동사 ます형 + ながら ~면서

★ 두 가지의 동작을 동시에 진행할 때 사용하는 표현이다. 두 가지 동작 중 ながら 뒤에 오는 동작이 주 동작이다. (~ます형 연결)

例 彼はいつも好きな音楽を聞きながらジョギングをします。
그는 항상 좋아하는 음악을 들으면서 조깅을 합니다.

例 よそ見しながら運転すると危ないですよ。
딴 데를 보면서 운전하면 위험해요.

よそ見み
한 눈 팔기, 딴 데 보기

✎ 문형을 사용하여 작문해 봅시다.

① こちらのパンフレットを _____ ながら新製品のご説明をいたします。

### 02 동사 사역형 ~せる、させる

★ 어떤 일을 강제적으로 시킴을 나타내는 사역 표현이다.
① 그룹동사 : 어미 あ단 + せる
② 그룹동사 : る 떼고 + させる
③ 그룹동사 : 来くる ⇨ 来こさせる、する ⇨ させる

例 母はいつも私に生ゴミを捨てさせます。
엄마는 항상 나에게 음식물 쓰레기를 버리게 합니다.

例 部長は全体会議の席で来年の販売戦略を彼女に発表させました。
부장님은 전체회의 자리에서 내년 판매전략을 그녀에게 발표시켰습니다.

生なまゴミ
음식물 쓰레기
捨すてる 버리다

全体会議ぜんたいかいぎ
전체회의
販売はんばい 판매
戦略せんりゃく 전략

安心あんしんする
안심하다

✎ 문형을 사용하여 작문해 봅시다.

① ご安心ください。来年は必ず _____ させてみせます。

# 05 応用練習
## 응용 연습

빈칸을 채워 대화문을 완성하고, 파트너와 말하기 연습을 해 봅시다.

**01**
- 私: はじめまして。_____。
  ▶ 한국의 미성전자에서 온 이진호라고 합니다.
- 工場長: お話は大阪支社の山崎から伺っています。

**02**
- 私: _____。
  ▶ 오늘은 신제품의 제조공정을 견학시켜 주시겠습니까?
- 工場長: 了解しました。さっそく担当者を呼んで、ご案内させましょう。

**03**
- 担当者: 御社に輸出している製品は1番から5番までの五つのラインで作っています。
- 私: そうですか。_____。
  ▶ 가동률이 몇 %가 되지요?

**04**
- 担当者: 直接生産を担当している者が約500人います。
- 私: そうですか。_____。
  ▶ 규모에 비해서 종업원 수가 많군요.

**05**
- 工場長: 部品の開発はあちらにある部品製造部が担当しています。
- 私: _____。
  ▶ 그곳을 보여주셔도 되겠습니까?

---

보충 어휘  支社 ししゃ 지사 | 工程 こうてい 공정 | 部品 ぶひん 부품

## 06 ロールプレー
### 필수! BIZ 롤플레이

학습한 주요 어휘 및 표현을 활용하여, 다음과 같은 상황에서 파트너와 롤플레이를 진행해 봅시다.

**状況(じょうきょう)**: A사의 직원이 B사의 공장을 견학하러 왔습니다. A사의 직원은 공장 안내 담당자와의 견학을 통해 B사에서 생산되고 있는 신제품에 대한 정확한 정보를 수집하고자 합니다.

**見学(けんがく)に来(き)た社員(しゃいん)**
① 안내 담당자에게 시간을 내 준 것에 대해 감사를 표현합니다.
② 방문 목적과 견학하고 싶은 포인트를 알립니다.
③ 궁금한 점이나 요청할 것이 있으면 담당자에게 문의합니다.

**工場案内(こうじょうあんない)の担当者(たんとうしゃ)**
① 견학 온 직원에게 인사 후 간단히 자신을 소개합니다.
② 상대방이 견학하고 싶어하는 곳이 있는지 묻고, 그에 맞게 안내합니다.
③ 상대방의 질문에 알기 쉽게 구체적으로 답변합니다.

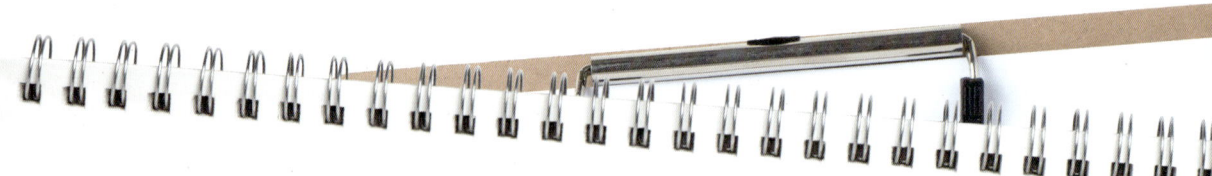

## 日本出張 Tip!
### 공장 견학의 A to Z

사업 파트너인 상대 회사의 핵심 시설 중 하나가 생산 거점인 공장이다. 공장을 보면 그 회사의 체질, 마인드, 기술력은 물론 사원들의 충성도나 사기까지도 알 수 있다. 모처럼의 견학 기회를 이용해 직접 공장 내부를 둘러보고 세심한 관찰과 질의응답을 통해서 정확한 상황을 파악하는 것이 자사가 발전하는 원동력이 된다는 점을 염두에 두자.

**❶ 사전조사 하기**
지피지기면 백전백승! 앞에서도 말했지만 견학 갈 공장의 홈페이지, 팸플릿 등을 활용해 제조 품목, 생산량, 최근 업적, 이익, 사원수 등 회사 개요를 전체적으로 알고 간다면 견학의 효과를 극대화시킬 수 있을 것이다.

**❷ 보이는 것 모두 관찰하기**
생산라인 외에도 공장 전체를 세심하게 관찰하자. 어디에 어떤 사람들이 몇 명 있고 복장이 어떻고 공장 내부에 활기가 있는지, 게시판에 어떤 내용이 붙어있는지 등, 눈으로 확인할 수 있는 것을 자세히 관찰하면 그 공장의 특징, 경영방식, 마인드를 이해하는 데 큰 도움이 된다.

**❸ 안전성 체크하기**
일터의 안전성은 종사자들의 근로의욕을 유지하는 가장 기본적인 요소이다. 근로의욕이 높으면 높을수록 높은 기술이나 능력이 축적되는 법. 공장 내부의 안전성을 확인을 통해 얼마나 우수한 공장인지 판단할 수 있다.

# 6課 食事と接待

### 식사와 접대

**학습목표**
1. 일본 거래처 직원들과의 식사 자리에서 자연스러운 대화를 나누며 친분을 쌓을 수 있다.
2. 상대 회사 또는 공장을 방문한 소감을 말할 수 있다.

**주요패턴**
- ~すぎました。　　지나치게(너무) ~했습니다.
- ~はずです。　　~할 것입니다. (~할 것이 분명합니다.)
- ~た上に(で)　　~한 데다가, ~하고 나서

## イメージトーク
### 이미지 토크

다음 사진을 보면서 아래의 키워드를 활용하여 주어진 상황에 대해 일본어로 말해 봅시다.

**Key Words**: 接待 / 幹事 / 乾杯 / おもてなし / 和気あいあい

01 ▶ 위 사진을 보고 상황, 인물 등에 대해 자유롭게 묘사해 봅시다.
02 ▶ 일본인 직원들과 분위기 좋고 성공적인 회식을 하려면 어떤 점을 주의하여야 할까요? 이야기 해 봅시다.

## 01 語彙
### 필수! BIZ 어휘

아래 어휘를 따라 읽고, 빈 칸을 채워 문장을 완성해 봅시다. 🎧

| | | | | |
|---|---|---|---|---|
| ☐ | デスクワーク | 데스크워크 | ☐ 好印象 | 좋은 인상 |
| ☐ | 肩がこる | 어깨가 결리다 | ☐ 避ける | 피하다 |
| ☐ | ワークショップ | 워크숍 | ☐ 意外だ | 의외다, 뜻밖이다 |
| ☐ | 名簿 | 명단 | ☐ 夢中になる | 열중하다, 정신이 팔리다 |
| ☐ | 絶対に | 절대로 | ☐ 勢いよく | 세차게, 허겁지겁 |
| ☐ | 値引き | 할인, 값을 깎아줌 | ☐ 聞き役 | 듣는 역할 |
| ☐ | 送料 | 배송비 | ☐ 徹する | 전념하다, 철저하다 |
| ☐ | 案件 | 안건 | ☐ あくまでも | 어디까지나 |
| ☐ | 謙虚だ | 겸허하다 | ☐ 集中する | 집중하다 |

---

### 실전 Point! 거래처와의 식사 매너

**お誘いいただいて嬉しいです。是非ご一緒したいです。**
권유해 주셔서 기쁩니다. 꼭 함께 하고 싶습니다.

➡ 거래처 담당자 또는 상사에게 점심 제안을 받았을 때는 기본적으로 거절하지 않는 것이 매너다. 겸허한 자세로 제안을 받아들이면 상대에게 좋은 인상을 줄 수 있다.

**へえ、そうなんですか。なるほど。○○さんのお話をお聞きしてよく理解できました。**
예, 그렇습니까? 그렇군요. ○○씨의 말씀을 듣고 잘 이해할 수 있었습니다.

➡ 거래처 담당자와 식사를 할 때는 들어주는 역할에 전념하는 것을 잊지 말 것. 본인이 어필하고 싶은 것, 제안하고 싶은 일이 있어도 어디까지나 거래처 측이 주체이다. 우선 상대방이 이야기하고자 하는 것을 듣는 일에 집중하자.

## 02 表現(ひょうげん)
### 필수! BIZ 표현

아래 문장을 읽고, 패턴을 활용해 새로운 문장을 만들어 봅시다.

### 01 ~すぎました。 지나치게(너무) ~했습니다.

1. 最近(さいきん)、デスクワークのしすぎで少(すこ)し肩(かた)がこっています。
   최근에 사무업무를 너무 많이 해서 어깨가 조금 결립니다.

2. あっ、運転手(うんてんしゅ)さん。行(い)きすぎました。ちょっと戻(もど)ってください。
   아, 기사님. 너무 많이 갔어요. 조금 돌아가 주세요.

3. ____すぎはかえって健康(けんこう)に良(よ)くないですよ。
   지나치게 ____ 하는 것은 오히려 건강에 좋지 않아요.

**Tip!** ~すぎる는 동사 ます형 접속

### 02 ~はずです。 ~할 것입니다. (~할 것이 분명합니다.)

1. 今回(こんかい)のワークショップには彼(かれ)も来(き)ていたはずです。
   名簿(めいぼ)に名前(なまえ)がありましたから。
   이번 워크숍에는 그 사람도 왔을 거예요. 명단에 이름이 있었으니까요.

2. そんな馬鹿(ばか)な！絶対(ぜったい)にそんなはずはありません。
   말도 안 돼! 절대로 그럴 리가 없어요.

3. ネットで注文(ちゅうもん)すれば値段(ねだん)がかなり____はずですよ。
   인터넷으로 주문하면 가격이 상당히 ____ 거예요.

**Tip!** ~はずです 표현은 명사, 연체사, 형용사, 동사의 연체형(현재/과거) 등에 접속한다.

### 03 ~た上(うえ)に(で) ~한 데다가, ~하고 나서

1. ５％も値引(ねび)きしてくれた上(うえ)に、送料(そうりょう)までただにしてもらいました。
   5%나 가격을 깎아준 데다가 배송비까지 공짜로 해줬습니다.

2. 事前(じぜん)にご連絡(れんらく)を差(さ)し上(あ)げた上(うえ)で訪問(ほうもん)いたします。
   사전에 연락을 드리고 나서 방문하겠습니다.

3. 重要(じゅうよう)な案件(あんけん)なので慎重(しんちょう)に____た上(うえ)でお答(こた)えします。
   중요한 안건이기 때문에 신중히 ____ 하고 나서 답변을 드리겠습니다.

## 03 会話
### 필수! BIZ 회화

**상황 ①  ▶ 공장 관계자와의 점심식사**

工場長　　キムさんは魚料理が食べられますか。私の行きつけの和風レストランにお連れしようと思うのですが。

キム・ミヌ　ええ、魚は大好物ですよ。特にお寿司やお刺身には目がありません。

[レストランから食べ物が出る]

キム・ミヌ　わあ、美味しそうですね。

工場長　　ええ、近くの海でとれた新鮮な魚介類がたっぷりと使われています。さあさあ、どうぞ。ご遠慮なさらずに召し上がってください。

キム・ミヌ　はい、ありがたく頂戴いたします。本当に美味しいですね。お刺身が口のなかでとろけますよ。

工場長　　お口にあって何よりです。それはそうと午前中、工場をご覧になったご感想を聞かせてくださいますか。

キム・ミヌ　素晴らしいの一言です！先端の技術、最新の設備、従業員の熱気、すべてが最高の水準ですね。どれもこれも学ぶことばかりです。それに工場長のお人柄にも深く感動いたしました。

工場長　　まあー、お酒も飲んでいないのに、誉められすぎて顔が赤くなりましたよ。

### 확인 질문

Q.1 工場長はキム・ミヌさんをどこに連れて行きましたか。

Q.2 キム・ミヌさんは工場見学の感想がどうだったと言っていますか。

---

**보충 어휘**　行いきつけ 자주 가는, 단골인 ｜ 和風わふう 일본풍, 일본식 ｜ 大好物だいこうぶつ 매우 좋아하는 음식
目めがない 매우 좋아하다 ｜ 新鮮しんせんだ 신선하다 ｜ 魚介類ぎょかいるい 어패류
遠慮えんりょする 어렵게 생각하다, 사양하다 ｜ 頂戴ちょうだいする 감사히 받다 ｜ とろける 살살 녹다
口くちにあう 입에 맞다 ｜ 何なにより 다행이다, 무엇보다도 ｜ 一言ひとこと 한 마디로 말해서
人柄ひとがら 인격, 사람의 됨됨이 ｜ 誉ほめる 칭찬하다

## 상황 ❷ ▶ 거래처 회식 참석하기

鈴木　　　ただ今より韓国のIBSテクノロジー社から来られたキム・ミヌさんの歓迎会を兼ねてお食事会を始めたいと思います。私、本日の幹事を務めます、営業部主任、鈴木太郎と申します。キムさん、一言ご挨拶をお願いいたします。

キム・ミヌ　ご紹介にあずかりました、キム・ミヌです。今日は私のためにこのような席を設けていただきまして心から感謝申し上げます。今後ともよろしくお願いいたします。

鈴木　　　次に歓迎の意を込めて乾杯をしたいと思います。乾杯の音頭は高橋部長にお願いいたします。

高橋部長　それでは皆さん、グラスをお持ちください。キムさんのご健康と日本インダストリー、IBSテクノロジー両社の今後益々の発展を祈って、乾杯!

[みんなで] 乾杯!!

高橋部長　ところでキムさん、名古屋の工場見学はどうでしたか。

キム・ミヌ　はい、おかげさまで工場全体を詳しく見学することができて、とても有意義でした。当初、生産ラインだけを見学する**はず**でしたが、お昼をご馳走になっ**た上に**、開発研究所まで見せていただきました。

高橋部長　そうですか。ご苦労された甲斐がありましたね。

### 확인 질문

Q1. キム・ミヌさんが参加した食事会で幹事の役割は何ですか。

Q2. キム・ミヌさんは名古屋での工場見学についてどうだったと考えていますか。

---

보충 어휘　食事会しょくじかい 회식, 식사모임 ｜ 幹事かんじ 간사 ｜ 主任しゅにん 주임 ｜ 紹介しょうかいにあずかる 소개 받다
席せきを設もうける 자리를 마련하다 ｜ 〜の意いを込こめる 〜의 뜻을 담다 ｜ 乾杯かんぱいの音頭おんど 건배의 선창
益々ますます 더더욱(갈수록) 발전하거나 좋아지는 ｜ 有意義ゆうぎだ 유익하다 ｜ 当初とうしょ 당초
ご馳走ちそうになる 대접 받다 ｜ 甲斐かい 보람

## 04 文法 ぶんぽう
### 필수! BIZ 문법

### 01　~れる、~られる(~ことができる)　~할 수 있다, ~하는 것이 가능하다 (가능표현)

★ 조동사 ~れる、~られる에는 1 가능, 2 수동, 3 존경, 4 자발(自発) 등 폭넓은 의미를 갖게 한다.
　여기서는 그 중 가능과 수동의 의미에 대해서 알아보자.
　① 그룹동사 : 어미 ⇨ え단 + る
　② 그룹동사 : 어미 る 떼고 + られる
　③ 그룹동사 : 来くる ⇨ 来られる、する ⇨ できる

★ 회화에서는 가능표현일 때 ②그룹과 ③그룹동사 중 来こられる에서 ら를 빼고 れる를 연결하는
　경우가 많다. 이를 ら抜ぬき言葉ことば (ら 빼기 말)이라고 한다.

例 明日あしたまでにこの仕事しごとを片かたづけられますか。
　= 片かたづけることができますか。　내일까지 이 일을 마무리할 수 있습니까?

例 私わたしは生なまものが食たべれません。= 食たべることができません。
　저는 날것을 먹을 수 없습니다.

片かたづける
치우다, 해치우다
生なまもの 날것
解説書かいせつしょ
해설서
論文ろんぶん 논문
内容ないよう 내용

✏ 문형을 사용하여 작문해 봅시다.
① 解説書かいせつしょを見みないでこの論文ろんぶんの内容ないようを _____ か。


### 02　~れる、~られる　~해지다, ~을 당하다 (수동표현)

★ ① 그룹동사 : 어미 ⇨ あ단 + れる
　③ 그룹동사 : 来くる ⇨ 来られる、する ⇨ される

例 春はるの人事異動じんじいどうで山田やまださんが抜擢ばってきされて課長かちょうに昇進しょうしんしました。
　봄철 인사이동에서 야마다 씨가 발탁돼 과장으로 승진했습니다.

例 にわか雨あめに降ふられてずぶ濡ぬれになりました。
　소나기를 맞아 흠뻑 젖었습니다.

抜擢ばってきする
발탁하다
課長かちょう 과장
昇進しょうしん 승진
にわか雨あめ 소나기
ずぶ濡ぬれ 흠뻑 젖음
そっとする 내버려 두다
気落きおちする
낙담하다, 기가 죽다

✏ 문형을 사용하여 작문해 봅시다.
① 今いまはそっとしてあげてください。
　上司じょうしに _____ すっかり気落きおちしていますから。

# 05 応用練習
## 응용 연습

빈칸을 채워 대화문을 완성하고, 파트너와 말하기 연습을 해 봅시다.

**01**
- 工場長: 肉料理が食べられますか。
- 私: ええ、＿＿＿＿＿＿＿＿＿＿。特に牛肉には＿＿＿＿＿＿＿＿＿＿。
  ▶ 네, 고기요리를 아주 좋아합니다. 특히 쇠고기에는 사족을 못 써요.

**02**
- 工場長: どうぞ。ご遠慮なさらずに召し上がってください。
- 私: ＿＿＿＿＿＿＿＿＿＿＿＿＿＿＿＿＿＿＿＿。
  ▶ 네, 감사히 먹겠습니다.

**03**
- 工場長: 工場をご覧になったご感想を聞かせてください。
- 私: ＿＿＿＿＿＿＿＿＿＿＿＿＿＿＿＿＿＿＿＿。
  ▶ 한 마디로 정말 훌륭합니다!

**04**
- 幹事: ただ今よりPJインターナショナル社から来られたチェ・ジヒョンさんの歓迎会を始めます。
- 私: ＿＿＿＿＿＿＿＿社の＿＿＿＿＿＿＿＿です。
  ▶ 소개받은 PJ인터내셔널 사의 최지현입니다.

**05**
- 私: おかげさまで＿＿＿＿＿＿＿＿＿＿とても勉強になりました。
  ▶ 생산라인을 자세히 볼 수 있어서 아주 많은 공부가 되었습니다.
- 担当者: そうですか。苦労なさった甲斐がありましたね。

---

보충 어휘　　牛肉ぎゅうにく 쇠고기　|　勉強べんきょうになる 공부가 되다, 배우다　|　苦労くろう 고생

# 06 ロールプレー
## 필수! BIZ 롤플레이

학습한 주요 어휘 및 표현을 활용하여, 다음과 같은 상황에서 파트너와 롤플레이를 진행해 봅시다.

**状況(じょうきょう)** 한국의 A사 직원이 일본 거래처인 B사에 출장 차 방문한 후, 거래처로부터 저녁 식사에 초대받았습니다. 두 회사의 직원들은 화기애애한 저녁 식사 자리에서 상대방에 대한 칭찬, 취미, 가족 등의 주제로 친근한 대화를 교환하며 즐겁고 원만한 교류의 장을 이어갑니다.

**取引先(とりひきさき)の接待(せったい)の幹事(かんじ)**

① 회식 자리 참석자들에게 접대의 시작을 알리며, 자사 직원들에게 A사 직원의 정보 (이름, 소속, 직책 등)를 밝힌 후 A사 직원에게 간단히 자기 소개를 할 것을 권유합니다.
② 자사 직원들 중에서 적임자를 지명한 후, 건배를 제의하고 받습니다.

**A社(しゃ)の社員(しゃいん)**

① 간사의 권유에 따라 거래처 직원들에게 자신을 소개하고, 접대에 초대받은 것에 대해 감사의 뜻을 표합니다.
② 식사를 하며 B사 직원들과 상대방에 대한 칭찬, 취미, 가족 등의 주제로 친근한 대화를 교환하며 화기애애한 분위기를 이어갑니다.

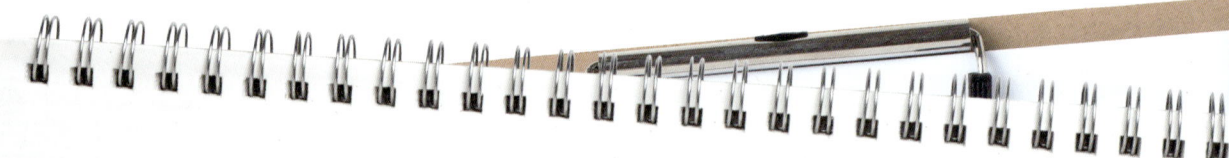

## 日本出張 Tip!
### 알아두면 유용한 일본의 접대 매너

사업을 하는 사람이라면 누구나가 당연시했던 '접대(接待)'이지만 건전성이나 기업 컴플라이언스(compliance) 때문에 요즘은 많이 자제하는 분위기다. 그러나 접대문화는 회식이나 식사모임으로 이름을 바꿔서 지금도 부서 간, 기업 간의 관계를 원활하게 하는 윤활유 역할을 하고 있다. 알고 있으면 도움이 되는 접대 관련 팁을 소개한다.

**❶ 접대의 목적**
비공식적인 정보 교환, 앞으로 비즈니스를 원활하게 하기 위한 선행 투자, 종료된 비즈니스에 대한 사례 등

和室(わしつ)의 경우

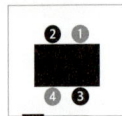
술집, 레스토랑의 경우

**❷ 上座(かみざ)와 下座(しもざ)**
일본에서는 회의, 식사, 술자리, 심지어는 이동하는 차에서도 상석과 하석이 정해져 있다. 和室(わしつ)(일본식 방)이 있는 가게에서는 동양화나 붓글씨 족자가 걸린 床(とこ)の間(ま)를 등에 진 가운데 자리가 상석이고, 술집이나 레스토랑에서는 출입구에서 가장 먼 안쪽 좌석이 상석이 된다.

**❸ 성공과 실패를 가리는 대화**
적절한 대화 주제 : 상대방에 대한 칭찬, 취미, 가족, 어릴 적 이야기, 학생시절의 추억, 장래의 꿈·비전, 의논 및 상담 등
피해야 할 대화 주제 : 상대방 폄하성 발언, 뒷담화, 푸념, 불평불만, 근거 없는 소문 등

**❹ 사후의 감사 인사**
접대를 받은 다음날에는 꼭 전화나 이메일로 상대방에게 감사의 뜻을 전하자. 중요한 거래처라면 감사편지를 보내는 것도 좋은 방법이다.

# 7課 取引先との会議
### 거래처와의 회의

 **학습목표**
① 일본 거래처와의 회의에 참석하여 사업 관련 요청 및 부탁을 할 수 있다.
② 상대 회사의 제안에 대해 반론하거나 자사의 입장을 전달할 수 있다.

 **주요패턴**
- ~たところ(ばかり)です。  막(갓) ~했습니다.
- ~ぎみです。  ~하는 듯합니다. (~하는 경향이 있습니다.)
- ~かねます。  ~하기가 어렵습니다.

## イメージトーク
**이미지 토크**

다음 사진을 보면서 아래의 키워드를 활용하여 주어진 상황에 대해 일본어로 말해 봅시다.

| Key Words | アジェンダ | 進行(しんこう) | 発言(はつげん) | 協議(きょうぎ) | 賛成(さんせい)・反対(はんたい) |

01 ▶ 위 사진을 보고 상황, 인물 등에 대해 자유롭게 묘사해 봅시다.
02 ▶ 거래처와 회의를 진행했던 경험 중 가장 어려웠던 회의는 무엇이었나요? 그 이유는 무엇이었나요?

# 01 語彙
## 필수! BIZ 어휘

아래 어휘를 따라 읽고, 빈 칸을 채워 문장을 완성해 봅시다. 🎧

| | | | |
|---|---|---|---|
| ☐ オーダー | 주문, 오더 | ☐ 改善する | 개선하다 |
| ☐ 慣れる | 적응하다, 익숙해지다 | ☐ 余地がある | 여지가 있다 |
| ☐ ついさっき | 방금 전에 | ☐ 意思疎通をはかる | 의사소통을 도모하다 |
| ☐ 早退 | 조퇴 | ☐ 迅速だ | 신속하다 |
| ☐ 体調がすぐれない | 컨디션이 좋지 않다 | ☐ 果敢だ | 과감하다 |
| ☐ 上司 | 상사 ⇔ 部下 부하 | ☐ 対処 | 대처 |
| ☐ 相談 | 의논, 상담 | ☐ 知恵 | 지혜 |
| ☐ 方針 | 방침 | ☐ 議事録 | 의사록 |
| ☐ 大筋で | 큰 틀에서, 큰 흐름에서 | ☐ 目を通す | 훑어보다 |

---

### 실전 Point! 거래처와의 회의 멘트

**その点に関して私の意見としては、迅速かつ果敢な対応が必要だと考えます。**
그 점에 관한 저의 의견으로서는, 신속하고 과감한 대응이 필요하다고 생각합니다.

➡ 문제해결을 목적으로 한 회의에서는 회사나 부문의 문제점을 해결하기 위해 참가자들이 서로 지혜나 아이디어를 모은다.

**前もって資料を拝見したおかげで、よく理解することができました。**
미리 자료를 주신 덕분에 잘 이해할 수 있었습니다.

➡ 이전에 열린 회의의 의사록을 보거나 의제와 관련된 자료를 사전에 읽으면 회의 내용을 쉽게 이미지화할 수 있다.

## 02 表現(ひょうげん)
### 필수! BIZ 표현

아래 문장을 읽고, 패턴을 활용해 새로운 문장을 만들어 봅시다.

### 01  ~たところ(ばかり)です。 막(갓) ~했습니다.

① 今(いま)、クライアントからオーダーが入(はい)ったところです。
지금 막 거래처로부터 주문이 들어왔습니다.

② まだ入社(にゅうしゃ)したばかりで、この仕事(しごと)にあまり慣(な)れていません。
아직 갓 입사한 지 얼마 안 돼서 이 일이 익숙하지 않습니다.

③ 少(すこ)し休(やす)ませてください。ついさっき　　　　　　　たところなんです。
잠깐 쉬게 해 주세요. 방금 막　　　　　　했거든요.

### 02  ~ぎみです。 ~하는 듯합니다. (~하는 경향이 있습니다.)

① 景気(けいき)が下降(かこう)ぎみなので、生産量(せいさんりょう)を調節(ちょうせつ)する必要(ひつよう)があります。
경기가 하강세라서 생산량을 조절할 필요가 있습니다.

② すみませんが早退(そうたい)させてください。昨日(きのう)から風邪(かぜ)ぎみで体調(たいちょう)がすぐれません。
죄송하지만 조퇴하고 싶습니다. 어제부터 감기기운이 있어서 컨디션이 안 좋습니다.

③ ずいぶんと　　　　　　　　　ぎみですね。
いつもの君(きみ)らしくないですよ。
상당히　　　　　　　것 같군요. 평소 자네답지 않아요.

**Tip!**
명사 또는 동사의 ます형 연결. 자신의 의견이나 추측을 돌려서 표현하는 분위기를 나타낸다. 유사한 표현으로는 '~がち', '~目め' 등이 있다.
例)
彼(かれ)は控(ひか)え目(め)な性格(せいかく)です。
그는 나서기를 싫어하는 성격입니다.

### 03  ~かねます。 ~하기가 어렵습니다.

① 私(わたし)ではわかりかねますので、上司(じょうし)と相談(そうだん)してみます。
저로서는 알 수 없기 때문에, 상사와 의논해 보겠습니다.

② それはちょっと私(わたし)からは申(もう)しかねます。
그것은 조금 저로서는 말씀 드리기 어렵습니다.

③ そのご提案(ていあん)に関(かん)しては　　　　　　　　　　かねます。
그 제안에 관해서는　　　　　　하기가 어렵습니다.

# 03 会話
## 필수! BIZ 회화

### 상황 ① ▶ 납기 개선 요구하기 🎧

高橋部長　それでは会議を始めます。今日は特別に韓国のIBSテクノロジーのキム・ミヌさんが参席されました。まずわが社の参加者をご紹介しましょう。次長の小林君、課長の河野さん、それから鈴木主任と社員の中村さんです。

キム・ミヌ　重要な会議にお招きいただいて光栄です。

高橋部長　せっかくですので、両社の更なる発展のための意見交換の場にしたいと思います。キムさん、何かご意見がおありですか。

キム・ミヌ　前回お話した通り、新製品の売れ行きが好調で販売面では全く問題がありませんが、納期については改善の余地があるかと思われます。最近、御社からの納品が滞り<sub>표현②</sub>ぎみなのが心配です。

河野課長　その点に関しては直近の会議でも検討され<sub>표현①</sub>たばかりです。私どもも改善の必要性を強く感じております。

キム・ミヌ　このままだと大きな問題に発展しかねませんので、是非ご協力お願いいたします。

高橋部長　了解しました。さっそく社内で再検討して、早急に対処するようにしたいと思います。必要なら生産ラインの増設も考慮するつもりです。

キム・ミヌ　そうしていただければ当社といたしましても助かります。

### 🔍 확인 질문

**Q1.** キム・ミヌさんが参席した会議にはどんな人たちが同席しましたか。

**Q2.** キム・ミヌさんは相手にどんな要求をしましたか。

---

**보충 어휘**　次長じちょう 차장 | 招まねく 초대하다 | 光栄こうえいだ 영광이다 | 納期のうき 납기
　　　　　　直近ちょっきん 최근 | 滞とどこおる 지체되다, 늦어지다 | 増設ぞうせつ 증설 | 考慮こうりょする 고려하다

## 상황 ❷ ▶ 가격 인상 제안에 반론하기

高橋部長 次の議題に移りたいと思います。最近、原料費が値上がりしまして、当社では製品の価格引き上げを検討中です。

キム・ミヌ 中東の情勢不安による原油の高騰が原因ですか。

小林次長 勿論それもありますが、アベノミクスによる円安の影響も見落とせませんね。

キム・ミヌ 内外ともに厳しい状況ですね。ご苦労をお察しいたします。

小林次長 このような状況で、当社といたしましては7％の値上げがやむをえないと判断しているのですが、いかがでしょうか。

キム・ミヌ 7％ですか。値上げ幅がかなり大きいですね。コスパの悪化を招いて、ややもすると製品の売れ行きに水を差すことになりかねません。

高橋部長 7％アップは当社としてもギリギリの線です。どうか前向きにご検討ください。

キム・ミヌ 私の独断ではお答えし**かねます**。 표현❸ 社に持ち帰って検討させてください。

### 확인 질문

Q1. 日本インダストリーが製品の値上げを希望する理由は何ですか。

Q2. キム・ミヌさんは日本インダストリーからの提案を受けてどう対応しましたか。

---

**보충 어휘**
議題ぎだい 의제 | 原料費げんりょうひ 원료비 | 値上ねあがる 가격이 오르다 | 価格かかく引ひき上あげ 가격인상
中東ちゅうとう 중동(지역) | 情勢不安じょうせいふあん 정세불안 | 原油げんゆ 원유 | 高騰こうとう (가격)급등
見落みおとせない 빼놓을 수 없다, 빠뜨릴 수 없다 | やむをえない 할 수 없다, 어쩔 수 없다 | 値上ねあげ幅はば 인상폭
コスパ 투자효율(cost performance), 가성비 | ややもすると 자칫하면, 까딱하면
水みずを差さす 찬물을 끼얹다, 방해하다 | 前向まえむきだ 긍정적이다 | 独断どくだん 독단

# 04 文法
## 필수! BIZ 문법

### 01 ~れる、~られる  ~하시다 (존경표현)

**例** A社の会長が「経営者の心得」という本を出されました。
A사의 회장님이 '경영자의 마음가짐'이라는 책을 내셨습니다.

**例** 中山さんが辞められた後、誰がこの仕事を引き継ぎますか。
나카야마 씨께서 그만두신 후, 누가 이 일을 계속합니까?

経営者けいえいしゃ
경영자
心得こころえ
마음가짐, 소양
辞やめる
그만두다, 사임하다
引ひき継つぐ
계승하다, 인수하다

✏️ 문형을 사용하여 작문해 봅시다.

1➡ _____。

---

### 02 ~と、~たら、~ば  ~하면

★ ~と
① 꼭 일어날 일에 사용한다. (자연현상, 기계의 작동법, 길 안내 등)
② 뒤에 의지표현이 연결되지 않는다. (~てください, ~なければなりません, ~たほうがいいです, ~たいです, ~ませんか, ~ましょうか 등)

**例** このスイッチを押すと電源が入ります。
이 스위치를 누르면 전원이 켜집니다.

★ ~たら
① 앞에 꼭 일어날 사항을 넣고, 뒤에 그 일의 완료 후의 사항을 연결한다.
② 화자(話者)의 가정을 나타낸다.

**例** 外回りから戻ったら、報告書を作成します。
외근 나갔다 돌아오면 보고서를 작성합니다.

★ ~ば
① 일반적, 규칙적으로 일어나는 사항에 사용한다.
② ~と와 마찬가지로 뒤에 의지표현이 연결되지 않는다. (단, ~ば 앞·뒤에 주어가 다를 경우에는 가능)

**例** 質問があれば、いつでも聞いてください。
질문이 있으면, 언제든지 물어보세요.

 **Point**
~と, ~たら, ~ば 중, 어느 표현을 써야 할지 판단이 안 설 때는 쓰임새가 다양한 ~たら를 쓴다.

✏️ 문형을 사용하여 작문해 봅시다.

1➡ _____。

## 05 応用練習
## 응용 연습

빈칸을 채워 대화문을 완성하고, 파트너와 말하기 연습을 해 봅시다.

**01**
担当者: それでは会議を始めます。今日は取引先の担当者がご出席されました。
私: ＿＿＿＿＿＿＿＿＿＿＿＿＿＿＿＿＿。どうぞよろしくお願いいたします。
▶ 초대해 주셔서 영광입니다.

**02**
担当者: 何かご意見がおありですか。
私: 近頃、御社からの ＿＿＿＿＿＿＿＿＿＿＿＿＿＿＿＿ 心配です。
▶ 요즘 귀사에서 납품이 늦는 듯해서 걱정입니다.

**03**
私: このままだと深刻な ＿＿＿＿＿＿＿＿＿＿＿＿＿＿＿＿。
▶ 이대로 두면 심각한 문제가 될지도 모르겠습니다
担当者: さっそく社内で検討して、早急に対処いたします。

**04**
担当者: 最近、原料費が値上がりしていまして、価格の引き上げを検討しています。
私: ＿＿＿＿＿＿＿＿＿＿＿＿＿＿＿＿ 原因ですか。
▶ 아베노믹스로 인한 엔저가 원인입니까?

**05**
担当者: 当社としても5％アップが限界です。前向きにご検討ください。
私: そのご提案に関しては ＿＿＿＿＿＿＿＿＿＿＿＿＿＿＿＿。
▶ 그 제안에 대해서는 제 독단으로 답변해드릴 수가 없습니다.

보충 어휘　近頃ちかごろ 요즘 ｜ 限界げんかい 한계

## 06 ロールプレー
### 필수! BIZ 롤플레이

학습한 주요 어휘 및 표현을 활용하여, 다음과 같은 상황에서 파트너와 롤플레이를 진행해 봅시다.

**状況(じょうきょう)** 거래처 관계인 한국의 A사와 일본의 B사가 만나 함께 진행하는 사업의 특정 제품에 대한 가격 조정 회의를 시작합니다.

**取引先の担当者(とりひきさき の たんとうしゃ)**
① 회의의 시작을 알리고 참석한 인원을 간단히 소개합니다.
② 상대 회사의 입장을 듣고, 이에 대한 자사의 입장을 설명합니다.
③ 상대방이 제시한 제안을 받아들일 수 있는지 판단하고, 적절한 답변을 선택해서 전달합니다.

**A社の社員(しゃ の しゃいん)**
① 사업의 현황을 설명하고 제품 가격 인상에 대한 자사의 입장을 거래처에 전달합니다.
② 거래처의 답변을 듣고, 필요하다면 거듭 협조를 요청합니다.
③ 즉시 답하기 어려운 경우, 사정을 말하고 양해를 구합니다.

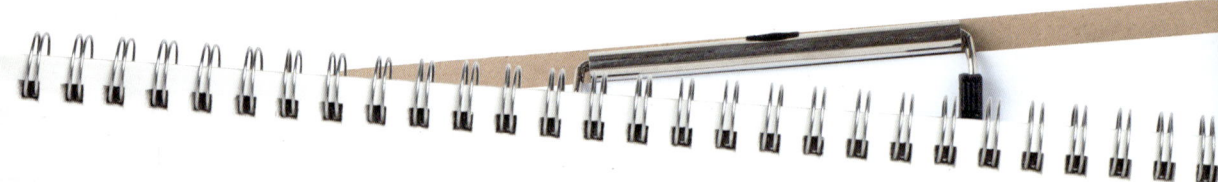

## 日本出張 Tip!
### 성공적인 회의를 위한 예습하기

회의에 참석하는 데 가장 중요한 것은 예습이다. 예습을 통해 자신의 의견에 대한 자신감이 높아지고 문제점이나 개선점을 정확히 파악하는 효과도 거둘 수 있다. 사전에 배포된 인쇄물을 숙독하고 그 밖의 관련 자료도 충분히 참고해 본인의 생각을 정리한 다음에 회의에 임하자.

**❶ 기본적인 회의 진행법**
1) 취지 설명 : 회의 의제, 현황 설명, 논점 설명
2) 토론 : 각자의 의견발표, 프레젠테이션을 듣고 토론
3) 정리 : 결정된 사항 재확인, 앞으로의 진행방식 통일
4) 의사록 작성 : 서기가 의사록을 작성하고 참가자들에게 배포

**❷ 준비물**
1) 회의자료
2) 화이트보드, 보드마카
3) 메모장, 노트, 펜
4) 발언자 자료
5) 자신의 의견을 정리한 메모
6) 포스트잇

# 8課 クレーム解決
## 클레임 해결하기

**학습목표**
1. 일본 거래처와의 회의 자리에서 제기된 이슈에 대해 적절히 대응할 수 있다.
2. 자사가 입은 손해에 대해 거래처 측에 클레임을 제기할 수 있다.

**주요패턴**
- ~た方がいいです。 ~하는 편이 좋겠습니다.
- ~ない方がいいです。 ~하지 않는 편이 좋겠습니다.
- ~ねばなりません。 ~하지 않으면 안 됩니다.
- ~次第 ~하자마자, ~하는 대로

## イメージトーク
### 이미지 토크

다음 사진을 보면서 아래의 키워드를 활용하여 주어진 상황에 대해 일본어로 말해 봅시다.

| Key Words | クレーム | 冷静に話す | 遺憾に思う | 弁明する | 謝る |

01 ▶ 위 사진을 보고 상황, 인물 등에 대해 자유롭게 묘사해 봅시다.
02 ▶ 회의 중 의견 대립으로 인해 어려움을 겪었던 적이 있나요? 이야기 해 봅시다.

# 01 語彙
## 필수! BIZ 어휘

아래 어휘를 따라 읽고, 빈 칸을 채워 문장을 완성해 봅시다. 🎧

| | | | | |
|---|---|---|---|---|
| ☐ リスク | (투자상의) 위험, 리스크 | ☐ 着手する | 착수하다 |
| ☐ ポートフォリオ | 포트폴리오 | ☐ クッション表現 | 쿠션표현 (분위기를 부드럽게 하는 표현) |
| ☐ 多彩だ | 다채롭다, 다양하다 | ☐ 前々から | 오래전부터 |
| ☐ 株価 | 주가 | ☐ 外す | 빼다, 제외시키다 |
| ☐ 閉店 | 폐점 ⇔ 開店 개점 | ☐ 代替案 | 대안, 대체안 |
| ☐ 犠牲 | 희생 | ☐ 弊社 | 당사 |
| ☐ 覚悟する | 각오하다 | ☐ 支障 | 지장 |
| ☐ 起業 | 창업 | ☐ 異なる | 다르다 |
| ☐ 満たす | 충족시키다 | ☐ 不愉快だ | 불쾌하다 |

### 실전 Point! 거래처와 곤란한 상황이 발생했을 때

**恐れ入ります、次回はこのようなことがないよう注意いたしますので、いま一度ご指示いただけますでしょうか。**
죄송합니다. 다음 번에는 이러한 일이 없도록 주의하겠으니 한번 더 지시해 주실 수 있겠습니까?

➡ 누구든 실수를 지적 받는 것을 달가워하지 않을 것이다. '대단히 죄송합니다만', '말씀 드리기 송구스럽습니다만' 등 '쿠션표현'을 사용하면서 원만하게 대응하자.

**大変申し訳ありませんが、本日は前々からの予定がありまして…。急ぎの仕事というのは承知しておりますが、明日の午前中いっぱいお時間をいただくことは可能でしょうか。**
대단히 죄송합니다만, 오늘은 전부터 예정이 있어서… 급한 일이라는 것은 알고 있습니다만, 내일 오전까지 시간을 많이 내주실 수 있을까요?

➡ 선약이 있는데 급하게 일을 부탁 받았을 경우, 뺄 수 없는 일정이 있다는 사실을 전한다. 어쩔 수 없이 거절해야 할 때는 대체안도 함께 제시하면 쉽게 받아들여진다.

## 02 表現(ひょうげん)
### 필수! BIZ 표현

아래 문장을 읽고, 패턴을 활용해 새로운 문장을 만들어 봅시다.

### 01 〜た方(ほう)がいいです。 ~하는 편이 좋겠습니다.
### 〜ない方(ほう)がいいです。 ~하지 않는 편이 좋겠습니다.

① リスクを考(かんが)えてポートフォリオはできるだけ多彩(たさい)に構成(こうせい)した方(ほう)がいいです。
리스크를 생각해서 포트폴리오는 가급적으로 다양하게 구성하는 것이 좋겠습니다.

② 株価(かぶか)の上(あ)がり下(さ)がりはいつものことですから、あまり気(き)にしない方(ほう)がいいです。
주가가 오르고 내리는 것은 항상 있는 일이니까 너무 신경 안 쓰는 게 좋겠습니다.

③ もうすぐ閉店時間(へいてんじかん)ですから、少(すこ)し　　　　　　　　方(ほう)がいいです。
이제 곧 폐점시간이기 때문에, 조금　　　　　　　　편이 좋겠습니다.

### 02 〜ねばなりません。 ~하지 않으면 안 됩니다.

① 成功(せいこう)のために多少(たしょう)の犠牲(ぎせい)は覚悟(かくご)せねばなりません。
성공을 위해 약간의 희생을 각오하지 않으면 안 됩니다.

② 起業(きぎょう)するには色々(いろいろ)な資格(しかく)や条件(じょうけん)を満(み)たさねばなりません。
창업하려면 여러 가지 자격이나 조건을 충족시키지 않으면 안 됩니다.

③ ビザを延長(えんちょう)するなら、大使館(たいしかん)に
ねばなりません。
비자를 연장한다면 대사관에　　　　　　　　지 않으면 안 됩니다.

**Tip!**
'~なければならない(~하지 않으면 안 된다)'의 문어체 표현. 격식을 차리거나 신경을 써야 하는 자리에서는 회화에서도 많이 사용하는 편이다.

### 03 〜次第(しだい) ~하자마자, ~하는 대로

① 検査(けんさ)の結果(けっか)がわかり次第(しだい)お知(し)らせします。
검사 결과가 나오는 대로 알려드리겠습니다.

② 今(いま)、外(そと)にいますが、社(しゃ)に戻(もど)り次第確認(しだいかくにん)してみます。
지금 밖에 있는데 회사에 돌아가자마자 확인해 보겠습니다.

③ 新(あたら)しい計画(けいかく)が　　　　　　　　次第事業(しだいじぎょう)に着手(ちゃくしゅ)する予定(よてい)です。
새로운 계획이　　　　　　　　되는 대로 사업에 착수할 예정입니다.

## 03 会話
### 필수! BIZ 회화

### 상황 ❶ ▶ 문제제기에 대응하기

**小林次長** 引き続き代金のお支払いに関してですが、これまで弊社と御社間ではウォンによる決済が行われてきましたね。

**キム・ミヌ** はい、お言葉の通り、御社とのお取り引きはこれまでウォン建てでの決済をお願いしてまいりました。

**小林次長** そのことですが、今後ドルによるお取り引きをお願いできないかと考えております。

**キム・ミヌ** ドル建てでの決済をご希望という意味でしょうか。

**高橋部長** はい、ここ最近の国際金融市場の混迷状況に鑑みて、安全な基金通貨であるドル決済に切り替え**た方がいい** [표현❶] という意見が出ています。できるだけリスクは避け**ねばならない** [표현❷] という声が上がっていまして。

**キム・ミヌ** そうでしたか。ご心配をおかけしまして大変申し訳ございません。為替市場におけるレートの流動性をご憂慮されていらっしゃるのですね。この件に関しましても帰国後十分に検討した上でお答えさせてください。

**高橋部長** もちろんです。お返事をお待ちしております。

### 확인 질문

**Q1** これまで両社はどのような方法で代金の決済をしてきましたか。

**Q2** 製品の代金決済について日本インダストリー側の要求は何ですか。

---

**보충 어휘** 引ひき続つづき 계속해서 | 決済けっさい 결제 | ウォン建だて 원화 기준 | ドル 미국 달러
金融市場きんゆうしじょう 금융시장 | 混迷こんめい 혼미, 혼잡 | 鑑かんみる 감안해서 판단하다
基金通貨ききんつうか 기금통화 | 切きり替かえる 전환하다 | 為替かわせ 외환, 환율 | 流動性りゅうどうせい 유동성
憂慮ゆうりょする 우려하다

## 상황 ❷ ▶ 클레임 제기하기

キム・ミヌ　　私からも申し上げたいことがあります。

高橋部長　　ご遠慮なさらずに何でもおっしゃってください。

キム・ミヌ　　実は、前回納品いただいた製品の一部に損傷がありまして。

高橋部長　　それはご迷惑をおかけしまして大変申し訳ありません。何かの手違いがあったようです。

キム・ミヌ　　はい、これからはシッピングの際の検査を強化してください。

高橋部長　　もちろんです。鈴木君、しっかりと記録しておいてください。二度とこんなことのないよう、担当の者によくよく言い伝えておきましょう。

キム・ミヌ　　恐縮です。私も今回いただきましたご意見、ご提案について社内の意見がまとまり**次第**ご連絡を差し上げます。 〔표현 ❸〕

高橋部長　　両社の発展のため、今後ともご協力をお願いします。

### 확인 질문

Q1. キム・ミヌさんは相手にどのような苦情を伝えましたか。

Q2. キム・ミヌさんのクレームに対して相手はどのように対応しましたか。

---

**보충 어휘**　損傷そんしょう 손상 ｜ 手違てちがい 착오 ｜ シッピング 쉬핑(shipping), 선적 ｜ 強化きょうかする 강화하다
よくよく 꼼꼼히, 신경을 써서

## 04 文法ぶんぽう
### 필수! BIZ 문법

### 01 ~ずに　~하지 않고, ~하지 말고

例) 資料しりょうも読よまずに会議かいぎに出席しゅっせきするとは、かなりの準備不足じゅんびぶそくですね。
자료도 읽지 않고 회의에 출석하다니 준비가 많이 부족하군요.

例) 明日あす健康診断けんこうしんだんがありますから、何なにも食たべずに来きてください。
내일 건강검진이 있으니까 아무것도 먹지 말고 오세요.

準備不足じゅんびぶそく
준비 부족
健康診断けんこうしんだん
건강검진
前まえもって
사전에, 앞서서, 미리
取とり掛かかる
시작하다, 착수하다

✎ 문형을 사용하여 작문해 봅시다.
1> 前まえもって _____ ずに事業じぎょうに取とり掛かかるのは危険きけんです。

### 02 ~そうだ、~ようだ、~らしい、~みたいだ　~할 것 같다, ~인 것 같다 (추측표현)

★ ~そうだ, ~ようだ는 주관적인 추측을, ~らしい는 객관적인 추측을 나타낸다.
★ ~みたいだ는 ~ようだ(정중형)의 회화체이다.

例) 다음 주에는 벚꽃이 필 것 같다.

例1 来週らいしゅうには桜さくらが咲さきそうだ。
(본인의 직감적인 감각을 근거로 추측)

例2 来週らいしゅうには桜さくらが咲さくようだ。
(본인의 직감적인 감각보다는 여러 상황(일기예보 등)을 고려해서 내린 판단)

例3 来週らいしゅうには桜さくらが咲さくらしい。
(다른 사람으로부터 들은 얘기를 전하는 느낌(전문에 가까운 용법))

例4 来週らいしゅうには桜さくらが咲さくみたいだ。
(例2의 회화체 표현)

✎ 문형을 사용하여 작문해 봅시다.
1> 掲示板けいじばんを見みると今度こんど小川おがわさんは人事異動じんじいどうに _____ 。

# 05 応用練習
## 응용 연습

빈칸을 채워 대화문을 완성하고, 파트너와 말하기 연습을 해 봅시다.

**01**
担当者: 今後ユーロによるお取り引きをお願いできないかと考えております。
私: ＿＿＿＿＿＿＿＿＿＿＿＿＿＿＿＿＿＿＿＿＿＿＿＿＿＿＿＿。
▶ 유로 기준으로 결제를 희망하신다는 의미입니까?

**02**
担当者: 危険はできるだけ避けねばならないという意見が出ています。
私: ＿＿＿＿＿＿＿＿＿＿＿＿＿＿＿＿＿＿＿＿＿＿＿＿＿＿＿＿。
▶ 심려 끼쳐드려서 대단히 죄송합니다.

**03**
私: この点に関しては ＿＿＿＿＿＿＿＿＿＿＿＿＿＿＿＿＿＿＿＿＿＿。
▶ 충분히 검토하고 나서 답변을 드리겠습니다.
担当者: ご回答をお待ちしております。

**04**
私: ＿＿＿＿＿＿＿＿＿＿＿＿＿＿＿＿＿＿＿＿＿＿＿＿＿＿＿＿。
▶ 저도 말씀 드리고 싶은 것이 있습니다.
担当者: ご遠慮なさらずに何でもおっしゃってください。

**05**
担当者: ご迷惑をおかけしまして大変申し訳ございません。
私: はい、これからは ＿＿＿＿＿＿＿＿＿＿＿＿＿＿＿＿＿＿＿＿＿。
▶ 선적 시의 검사를 강화해 주시기 바랍니다.

---

**보충 어휘**　ユーロ 유로(화) = Euro　｜　回答 かいとう 회답, 회신

# 06 ロールプレー
## 필수! BIZ 롤플레이

학습한 주요 어휘 및 표현을 활용하여, 다음과 같은 상황에서 파트너와 롤플레이를 진행해 봅시다.

> **状況(じょうきょう)**
> 거래처 관계인 한국의 A사와 일본의 B사가 만나 함께 진행하는 사업에 대해 회의를 하고 있습니다.
> A사는 과거 거래에서 발생한 손실에 대해 B사에게 클레임을 걸고자 합니다.

A社の社員(しゃ・しゃいん)
1. 회의 진행자에게 발언 기회를 요구합니다.
2. 실제로 발생한 자사의 손실에 대해 구체적인 근거를 들어 항의합니다.
3. 문제가 재발하지 않도록 관리를 강화할 것을 촉구합니다.

取引先の担当者(とりひきさき・たんとうしゃ)
1. 상대방이 부담 없이 발언할 수 있도록 기회를 줍니다.
2. 상대방의 클레임을 듣고 손실이 발생한 것에 대해 정중히 사과합니다.
3. 같은 문제가 재발하지 않도록 조치할 것임을 약속합니다.

## 日本出張 Tip!
### 원만하고 효과적인 항의 표시

산전수전 다 겪은 베테랑 비즈니스맨들에게도 가장 어려운 것이 하나 있다면 그것은 거래처에 대한 항의 표시일 것이다. 하지만 당면과제를 극복하고 사업을 더 발전시키기 위해서 필요한 것도 역시 항의의 과정이다. 정면충돌을 피하고 원만하게, 그러면서도 상대방에게 확실히 자사의 입장을 전달하기 위한 항의 요령을 살펴보자.

**❶ 감정적이 되지 말아라**
항의할 때는 결코 감정적이 되지 말아야 한다. 상황을 객관적으로 분석하고 냉정하게 행동하는 것이 중요하다. 비즈니스의 세계에서 항의란 늘 건설적이어야 되는 법. 상대방의 잘못을 지적하고 자신의 의견을 전달하면서도 그것이 결과적으로 서로에게 플러스가 되는 것이 최종목적임을 잊지 말자.

**❷ 항의할 상대를 잘 골라라**
항의를 받고 좋아하는 사람은 없다. 사람에 따라서는 항의를 받고 감정이 상하거나 사태를 더 복잡하게 만들 수도 있다. 상대방이 항의를 받아들일 수 있는 입장인지 잘 살펴보고 정공법이 여의치 못하면 상대를 바꾸고 때와 장소를 변경하는 등, 우회전술을 쓰는 것도 고려할 필요가 있다.

**❸ 수용 가능한 대안을 제시해라**
항의를 위한 항의는 상대방도 수용하기 힘들 수 있다. 자사의 주장을 관철하는 것도 중요하지만 계속 협력관계를 유지해야 할 상황이라면 상대방이 받아들일 수 있는 대안을 함께 제시해주는 것도 효과적이다.

# 付録
ふろく

# 부록
❶ 필수 어휘 & 보충 어휘 모음 78
❷ 본문 해설 모음 86

# 필수 어휘 & 보충 어휘

## あ

| 挨拶する<br>あいさつ | 인사하다 | 1과 |
| --- | --- | --- |
| 相手<br>あいて | 상대방 | 1과 |
| 空く<br>あ | 비다 | 1과 |
| あくまでも | 어디까지나 | 6과 |
| アポイントを取る<br>と | 방문약속을 잡다 | 1과 |
| あらたまって | 새삼스럽게, 정색을 하고 | 1과 |
| アンケート用紙<br>ようし | 앙케이트 용지, 설문지 | 4과 |
| 案件<br>あんけん | 안건 | 6과 |
| 安心する<br>あんしん | 안심하다 | 5과 |
| 安定する<br>あんてい | 안정이 되다 | 5과 |

## い

| 意外だ<br>いがい | 의외다, 뜻밖이다 | 6과 |
| --- | --- | --- |
| 勢いよく<br>いきお | 세차게, 허겁지겁 | 6과 |
| 行きつけ<br>い | 자주 가는, 단골인 | 6과 |
| 維持管理<br>いじかんり | 유지관리 | 5과 |
| 意思疎通をはかる<br>いしそつう | 의사소통을 도모하다 | 7과 |
| 忙しい<br>いそが | 바쁘다 | 2과 |
| いたずらに | 쓸데없이 | 3과 |
| 一生懸命<br>いっしょうけんめい | 매우 열심히 | 2과 |
| 一泊<br>いっぱく | 1박 | 4과 |
| 入れ替わり<br>いか | 교대, 교체 | 2과 |

## う

| ウォン建て<br>だ | 원화 기준 | 8과 |
| --- | --- | --- |
| 打ち合わせ<br>うあ | 회의, 미팅 | 1과 |
| うっかり | 별 생각 없이, 깜빡하고 | 3과 |
| 売り上げ増<br>うあぞう | 매상 증가 | 3과 |
| 売り込み<br>うこ | 세일즈, 판촉 | 3과 |
| 売れ行き<br>うゆ | 판매상황 | 3과 |
| 運転手<br>うんてんしゅ | 운전기사 | 4과 |

## え

| 営業部<br>えいぎょうぶ | 영업부 | 1과 |
| --- | --- | --- |
| エンジン | 엔진 | 3과 |
| 円高<br>えんだか | 엔고,<br>cf) 円安えんやす = 엔저 | 5과 |
| 遠慮する<br>えんりょ | 어렵게 생각하다, 사양하다 | 6과 |

## お

| 追い付く<br>おつ | 따라잡다 | 5과 |
| --- | --- | --- |
| 大筋で<br>おおすじ | 큰 틀에서, 큰 흐름에서 | 7과 |
| 送り迎え<br>おくむか | 송영, 전송과 마중 | 4과 |
| お越し<br>こ | 방문 | 3과 |
| お言葉に甘える<br>ことばあま | 말씀을 고맙게 받들다 | 2과 |
| 幼い頃<br>おさなころ | 어릴 적 | 1과 |
| 押し付ける<br>おつ | 강요하다 | 3과 |
| オーダー | 주문, 오더 | 7과 |
| お尋ね<br>たず | 문의, 질문 | 3과 |
| お手数ですが<br>てすう | 번거로우시겠지만 | 4과 |
| お泊まり<br>と | 숙박 | 4과 |
| お目にかかる<br>め | 만나뵙다 | 2과 |
| 御社<br>おんしゃ | 귀사 | 1과 |

## か

| | | |
|---|---|---|
| 甲斐(かい) | 보람 | 6과 |
| 解説書(かいせつしょ) | 해설서 | 6과 |
| 改善する(かいぜんする) | 개선하다 | 7과 |
| 回答(かいとう) | 회답, 회신 | 8과 |
| 価格引き上げ(かかくひきあげ) | 가격인상 | 7과 |
| 果敢だ(かかんだ) | 과감하다 | 7과 |
| 覚悟する(かくごする) | 각오하다 | 8과 |
| 確定する(かくていする) | 확정하다 | 5과 |
| 確認する(かくにんする) | 확인하다 | 4과 |
| 肩がこる(かたがこる) | 어깨가 결리다 | 6과 |
| 片づける(かたづける) | 치우다, 해치우다 | 6과 |
| カタログ | 카탈로그 | 3과 |
| 課長(かちょう) | 과장 | 6과 |
| 画期的だ(かっきてきだ) | 획기적이다 | 3과 |
| 勝手を申す(かってをもうす) | 멋대로 이야기하다, 자기 사정만 앞세우다 | 1과 |
| 稼働(かどう) | 가동 | 5과 |
| 株価(かぶか) | 주가 | 8과 |
| 上半期(かみはんき) | 상반기 cf) 下半期(しもはんき) = 하반기 | 5과 |
| 為替(かわせ) | 외환, 환율 | 8과 |
| 鑑みる(かんがみる) | 감안해서 판단하다 | 8과 |
| 幹事(かんじ) | 간사 | 6과 |
| 乾杯の音頭(かんぱいのおんど) | 건배의 선창 | 6과 |
| 頑張る(がんばる) | 분발하다 | 2과 |
| 管理(かんり) | 관리 | 5과 |

## き

| | | |
|---|---|---|
| 気落ちする(きおちする) | 낙담하다, 기가 죽다 | 6과 |
| 企画部(きかくぶ) | 기획부 | 1과 |
| 聞き役(ききやく) | 듣는 역할 | 6과 |
| 起業(きぎょう) | 창업 | 8과 |
| 基金通貨(ききんつうか) | 기금통화 | 8과 |
| 技術(ぎじゅつ) | 기술 | 2과 |
| 議事録(ぎじろく) | 의사록 | 7과 |
| 犠牲(ぎせい) | 희생 | 8과 |
| 議題(ぎだい) | 의제 | 7과 |
| 貴重だ(きちょうだ) | 귀하다, 귀중하다 | 5과 |
| 規模(きぼ) | 규모 | 5과 |
| 逆効果(ぎゃくこうか) | 역효과 | 3과 |
| 休日(きゅうじつ) | 휴일 | 2과 |
| 牛肉(ぎゅうにく) | 쇠고기 | 6과 |
| 急用(きゅうよう) | 급한 일, 급한 사정 | 1과 |
| 業界(ぎょうかい) | 업계 | 3과 |
| 強化する(きょうかする) | 강화하다 | 8과 |
| 恐縮だ(きょうしゅくだ) | 송구스럽다, 상대방의 호의에 깊이 감사하다 | 1과 |
| 魚介類(ぎょかいるい) | 어패류 | 6과 |
| 切り替える(きりかえる) | 전환하다 | 8과 |
| ギリギリの線(せん) | 한계선, 최소한의 기준 | 2과 |
| 金融市場(きんゆうしじょう) | 금융시장 | 8과 |
| 金利(きんり) | 금리 | 5과 |
| 勤め先(つとめさき) | 근무처 | 4과 |

## く

| | | |
|---|---|---|
| 口にあう | 입에 맞다 | 6과 |
| クッション表現 | 쿠션표현 (분위기를 부드럽게 하는 표현) | 8과 |
| くれぐれも | 아무쪼록, 부디 | 2과 |
| クレジットカード | 신용카드 | 4과 |
| 苦労 | 고생 | 6과 |

## け

| | | |
|---|---|---|
| 経営者 | 경영자 | 7과 |
| 計画 | 계획 | 3과 |
| 景気 | 경기 | 5과 |
| 傾向 | 경향 | 3과 |
| 計算する | 계산하다 | 4과 |
| 軽量化 | 경량화 | 3과 |
| 決済 | 결제 | 8과 |
| 限界 | 한계 | 7과 |
| 見学 | 견학 | 2과 |
| 謙虚だ | 겸허하다 | 6과 |
| 現金 | 현금 | 4과 |
| 健康診断 | 건강검진 | 8과 |
| 堅調 | 견실한 상태 | 5과 |
| 原油 | 원유 | 7과 |
| 原料費 | 원료비 | 7과 |

## こ

| | | |
|---|---|---|
| 好印象 | 좋은 인상 | 6과 |
| 光栄だ | 영광이다 | 7과 |
| 効果的だ | 효과적이다 | 3과 |
| 工場 | 공장 | 2과 |
| 工場長 | 공장장 | 5과 |
| 好調 | 호조, 상황이 잘 돌아감 | 2과 |
| 工程 | 공정 | 5과 |
| 高騰 | (가격)급등 | 7과 |
| 広報 | 홍보 | 2과 |
| 被る | (피해 등 안 좋은 영향을) 받다 | 5과 |
| 考慮する | 고려하다 | 7과 |
| 小型 | 소형 | 3과 |
| 互換性 | 호환성 | 4과 |
| 心得 | 마음가짐, 소양 | 7과 |
| 故障 | 고장 | 4과 |
| コスパ | 투자효율(cost performance), 가성비 | 7과 |
| ご馳走になる | 대접 받다 | 6과 |
| ご都合 | 형편, 상황 | 1과 |
| 異なる | 다르다 | 8과 |
| この度 | 이번 | 1과 |
| ご無沙汰する | 격조하다, 오랜만에 연락하다 | 1과 |
| 今回 | 이번 | 2과 |
| 今年比 | 금년 대비 | 3과 |
| 混迷 | 혼미, 혼잡 | 8과 |

## さ

| | | |
|---|---|---|
| 最近 | 최근에 | 1과 |
| 避ける | 피하다 | 6과 |
| 座席 | 좌석 | 4과 |
| さぞかし | 아무래도, 얼마나 | 2과 |
| ~様 | ~님 | 1과 |

| 일본어 | 한국어 | 과 |
|---|---|---|
| さようでございます | 그렇습니다 | 1과 |
| 再来週(さらいしゅう) | 다다음주 | 1과 |
| 参考(さんこう)にする | 참고하다 | 2과 |
| 斬新(ざんしん)だ | 참신하다 | 3과 |
| 賛成(さんせい) | 찬성 | 2과 |
| サンプル | 샘플 | 3과 |

## し

| 일본어 | 한국어 | 과 |
|---|---|---|
| 次回(じかい) | 다음 번 | 2과 |
| 仕方(しかた)ない | 어쩔 수 없다 | 1과 |
| 事業(じぎょう) | 사업 | 2과 |
| 事故(じこ) | 사고 | 5과 |
| 支社(ししゃ) | 지사 | 5과 |
| 支障(ししょう) | 지장 | 8과 |
| ~時(じ)すぎ | ~시를 지나면 | 1과 |
| 次長(じちょう) | 차장 | 7과 |
| 実績(じっせき) | 실적 | 3과 |
| シッピング | 쉬핑(shipping), 선적 | 8과 |
| 自動制御(じどうせいぎょ)システム | 자동제어시스템 | 5과 |
| 支払(しはら)い | 지불 | 4과 |
| 事務(じむ) | 사무 | 5과 |
| 従業員(じゅうぎょういん) | 종업원 | 5과 |
| 就職(しゅうしょく)する | 취업하다 | 1과 |
| 集中(しゅうちゅう)する | 집중하다 | 6과 |
| 重点的(じゅうてんてき)だ | 중점적이다 | 5과 |
| 柔軟性(じゅうなんせい) | 유연성 | 3과 |
| 従来(じゅうらい) | 종래, 기존 | 3과 |
| 修理(しゅうり)する | 수리하다 | 4과 |
| 宿泊者(しゅくはくしゃ)カード | 투숙객 카드 | 4과 |
| 出席(しゅっせき)する | 출석하다, 참석하다 | 1과 |
| 主任(しゅにん) | 주임 | 6과 |
| 順番(じゅんばん)に | 순번대로, 순서에 따라 | 5과 |
| 準備不足(じゅんびぶそく) | 준비 부족 | 8과 |
| 紹介(しょうかい)にあずかる | 소개 받다 | 6과 |
| 上司(じょうし) | 상사 | 7과 |
| 上々(じょうじょう)だ | 매우 좋다 | 3과 |
| 昇進(しょうしん) | 승진 | 6과 |
| 情勢不安(じょうせいふあん) | 정세불안 | 7과 |
| 商品(しょうひん) | 상품 | 1과 |
| 情報(じょうほう) | 정보 | 3과 |
| 食事会(しょくじかい) | 회식, 식사모임 | 6과 |
| 所属(しょぞく) | 소속 | 1과 |
| 書類(しょるい) | 서류 | 4과 |
| 新幹線(しんかんせん) | 신칸센(일본의 고속전철) | 4과 |
| シングルルーム | 싱글룸 | 4과 |
| 人事異動(じんじいどう) | 인사이동 | 2과 |
| 新製品(しんせいひん) | 신제품 | 3과 |
| 新鮮(しんせん)だ | 신선하다 | 6과 |
| 迅速(じんそく)だ | 신속하다 | 7과 |
| 慎重(しんちょう)だ | 신중하다 | 3과 |
| 私物(しぶつ) | 개인적인 물건 | 3과 |

## す

| 일본어 | 한국어 | 과 |
|---|---|---|
| 過(す)ぎる | 지나다 | 4과 |

| 捨てる | 버리다 | 5과 |
| --- | --- | --- |
| ずぶ濡れ | 흠뻑 젖다 | 6과 |
| 座る | 앉다 | 2과 |

## せ

| 誠実だ | 성실하다 | 2과 |
| --- | --- | --- |
| 製造現場 | 제조현장 | 5과 |
| 性能 | 성능 | 3과 |
| 製品 | 제품 | 2과 |
| 席を設ける | 자리를 마련하다 | 6과 |
| 接待 | 접대 | 4과 |
| 絶対に | 절대로 | 6과 |
| 全体会議 | 전체회의 | 5과 |
| 前任者 | 전임자 | 2과 |
| 専門家 | 전문가 | 2과 |
| 戦略 | 전략 | 5과 |
| 洗練される | 세련되다 | 3과 |

## そ

| 増設 | 증설 | 7과 |
| --- | --- | --- |
| 早々 | 급히, 빨리, ~(하)자마자 | 3과 |
| 早退 | 조퇴 | 7과 |
| 相談 | 의논, 상담 | 7과 |
| 総務部 | 총무부 | 1과 |
| 送料 | 배송비 | 6과 |
| 素材 | 소재 | 3과 |
| 卒業後 | 졸업 후 | 1과 |
| 率直な | 솔직한 | 4과 |

| そっとする | 내버려 두다 | 6과 |
| --- | --- | --- |
| その分 | 그만큼, 그에 비례해서 | 5과 |
| ソフトローンチ | 신제품 출시 전에 시험적으로 공개하는 것 | 3과 |
| それにしても | 그건 그렇고 | 4과 |
| 損傷 | 손상 | 8과 |

## た

| 大企業 | 대기업 | 1과 |
| --- | --- | --- |
| 大好物 | 매우 좋아하는 음식 | 6과 |
| 滞在 | 체류 | 2과 |
| 対処 | 대처 | 7과 |
| 代替案 | 대안, 대체안 | 8과 |
| 体調がすぐれない | 컨디션이 좋지 않다 | 7과 |
| だいぶ | 상당히, 꽤 | 4과 |
| タクシー乗り場 | 택시 승강장 | 4과 |
| 多彩だ | 다채롭다, 다양하다 | 8과 |
| 立ち話 | 서서 이야기함 | 2과 |
| 頼もしい | 믿음직하다, 신뢰가 가다 | 3과 |
| 担当 | 담당 | 1과 |

## ち

| 知恵 | 지혜 | 7과 |
| --- | --- | --- |
| チェックアウト | 체크아웃 | 4과 |
| チェックイン | 체크인 | 4과 |
| 近頃 | 요즘 | 7과 |
| 着手する | 착수하다 | 8과 |
| 昼食 | 중식, 점심식사 | 5과 |
| 中東 | 중동(지역) | 7과 |
| 長所 | 장점 | 5과 |

| 朝食 | 조식, 아침식사 | 4과 |
| --- | --- | --- |
| 頂戴する | 감사히 받다 | 6과 |
| 直近 | 최근 | 7과 |

## つ

| ついさっき | 방금 전에 | 7과 |
| --- | --- | --- |
| 通勤ラッシュ | 통근시간 러시아워 | 4과 |
| 通路側 | 통로 쪽 | 4과 |
| 疲れる | 피로해지다, 지치다 | 2과 |
| 着く | 도착하다, 다다르다 | 2과 |
| 勤め先 | 근무처 | 4과 |
| 務める | 맡다, 담당하다 | 2과 |
| 勤める | 근무하다 | 2과 |

## て

| 提供する | 제공하다 | 4과 |
| --- | --- | --- |
| 丁寧だ | 정중하다 | 2과 |
| ～でいらっしゃる | ～이시다 | 1과 |
| できるなら | 되도록, 할 수 있으면 | 1과 |
| ～でございます | ～입니다 | 1과 |
| デスクワーク | 데스크워크 | 6과 |
| 手違い | 착오 | 8과 |
| 徹する | 전념하다, 철저하다 | 6과 |
| 鉄道輸送 | 철도수송 | 4과 |
| 展開 | 전개 | 2과 |
| 電子マネー | 전자화폐 | 4과 |

## と

| 東京駅 | 도쿄역 | 4과 |
| --- | --- | --- |
| 当社 | 당사 | 2과 |
| 当初 | 당초 | 6과 |
| 到着する | 도착하다 | 2과 |
| どうりで | 어쩐지 | 3과 |
| 同僚 | 동료 | 3과 |
| 独断 | 독단 | 7과 |
| 特徴 | 특징 | 3과 |
| 滞る | 지체되다, 늦어지다 | 7과 |
| 隣 | 이웃, 옆 | 5과 |
| ドル | 미국 달러 | 8과 |
| 取り掛かる | 시작하다, 착수하다 | 8과 |
| 取引先 | 거래처<br>cf) client (クライアント) | 1과 |
| とろける | 살살 녹다 | 6과 |

## な

| 内容 | 내용 | 6과 |
| --- | --- | --- |
| 何より | 다행이다, 무엇보다도 | 6과 |
| 生ゴミ | 음식물 쓰레기 | 5과 |
| 生もの | 날것 | 6과 |
| 慣れる | 적응하다, 익숙해지다 | 7과 |

## に

| 苦手だ | 질색이다 | 3과 |
| --- | --- | --- |
| ～について | ～에 대해서 | 2과 |
| にわか雨 | 소나기 | 6과 |

## ね

| 値上がる | 가격이 오르다 | 7과 |
| --- | --- | --- |
| 値上げ幅 | 인상폭 | 7과 |
| 値段 | 값, 가격 | 2과 |
| 熱心だ | 열심이다 | 2과 |

| 일본어 | 한국어 | 과 |
|---|---|---|
| 値引き（ねびき） | 할인, 값을 깎아줌 | 6과 |

## の

| 일본어 | 한국어 | 과 |
|---|---|---|
| ～の意（い）を込（こ）める | ～의 뜻을 담다 | 6과 |
| 納期（のうき） | 납기 | 7과 |
| 納品（のうひん） | 납품 | 5과 |
| 伸（の）び悩（なや）む | 한자리에 머무르다, 좀처럼 발전이 없다 | 5과 |
| 延（の）びる | 늘다, 신장되다 | 3과 |

## は

| 일본어 | 한국어 | 과 |
|---|---|---|
| ハイヤー | 하이야(hire), 일본식 전세택시 | 4과 |
| 履（は）き物（もの） | 신발 | 5과 |
| 外（はず）す | 빼다, 제외시키다 | 8과 |
| 働（はたら）く | 일하다 | 1과 |
| 抜擢（ばってき）する | 발탁하다 | 6과 |
| 話（はな）し合（あ）う | 서로 이야기하다, 의논하다 | 2과 |
| 幅広（はばひろ）く | 폭넓게 | 4과 |
| 販売（はんばい） | 판매 | 5과 |

## ひ

| 일본어 | 한국어 | 과 |
|---|---|---|
| 被害（ひがい） | 피해 | 5과 |
| 引（ひ）き継（つ）ぐ | 계승하다, 인수하다 | 7과 |
| 引（ひ）き続（つづ）き | 계속해서 | 8과 |
| 人柄（ひとがら） | 인격, 사람의 됨됨이 | 6과 |
| 一言（ひとこと） | 한 마디로 말해서 | 6과 |
| 飛躍的（ひやくてき）だ | 비약적이다 | 3과 |
| 費用（ひよう） | 비용 | 4과 |
| 便（びん） | 편(교통수단 관련) | 2과 |

## ふ

| 일본어 | 한국어 | 과 |
|---|---|---|
| 福岡（ふくおか）タワー | 후쿠오카타워 | 4과 |
| 部署（ぶしょ） | 부서 | 1과 |
| 部長（ぶちょう） | 부장 | 1과 |
| 部品（ぶひん） | 부품 | 5과 |
| 不愉快（ふゆかい）だ | 불쾌하다 | 8과 |
| プラン | 계획, 플랜 | 2과 |
| ブローシャー | 브로슈어 | 3과 |
| 分野（ぶんや） | 분야 | 3과 |

## へ

| 일본어 | 한국어 | 과 |
|---|---|---|
| 閉館時間（へいかんじかん） | 폐관 시간 | 2과 |
| 平均（へいきん） | 평균 | 3과 |
| 米中貿易（べいちゅうぼうえき） | 미중무역 cf) 米国 = 미국(米國) | 5과 |
| 弊社（へいしゃ） | 당사 | 8과 |
| 閉店（へいてん） | 폐점 ⇔ 開店（かいてん） 개점 | 6과 |
| 変更（へんこう）する | 변경하다 | 1과 |
| 勉強（べんきょう）になる | 공부가 되다, 배우다 | 6과 |

## ほ

| 일본어 | 한국어 | 과 |
|---|---|---|
| 方針（ほうしん） | 방침 | 7과 |
| 訪問（ほうもん）する | 방문하다 | 1과 |
| ポートフォリオ | 포트폴리오 | 8과 |
| 誉（ほ）める | 칭찬하다 | 6과 |
| ボリューム | 볼륨, 음량 | 5과 |

## ま

| 일본어 | 한국어 | 과 |
|---|---|---|
| 前々（まえまえ）から | 오래전부터 | 8과 |
| 前向（まえむ）きだ | 긍정적이다 | 7과 |
| 前（まえ）もって | 사전에, 미리 | 8과 |
| 真（まこと）に | 진심으로 | 1과 |
| 益々（ますます）の | 더더욱(갈수록) 발전하거나 좋아지는 | 6과 |

| 일본어 | 한국어 | 과 |
|---|---|---|
| 窓側(まどがわ) | 창가 쪽 | 4과 |
| 招く(まね) | 초대하다 | 7과 |
| 間もなく(ま) | 이윽고, 곧, 머지않아 | 2과 |

### み

| 일본어 | 한국어 | 과 |
|---|---|---|
| 見落とせない(みお) | 빼놓을 수 없다, 빠뜨릴 수 없다 | 7과 |
| 見込む(みこ) | 전망하다, 예상하다 | 3과 |
| 水を差す(みずさ) | 찬물을 끼얹다, 방해하다 | 7과 |
| 満たす(み) | 충족시키다 | 8과 |
| 道が込む(みちこ) | 길이 막히다, 정체하다 | 4과 |
| 見通し(みとお) | 전망 | 3과 |
| 民営化(みんえいか) | 민영화 | 4과 |

### む

| 일본어 | 한국어 | 과 |
|---|---|---|
| 夢中になる(むちゅう) | 열중하다, 정신이 팔리다 | 6과 |

### め

| 일본어 | 한국어 | 과 |
|---|---|---|
| 名刺(めいし) | 명함 | 2과 |
| 名簿(めいぼ) | 명단 | 6과 |
| 目がない(め) | 매우 좋아하다 | 6과 |
| メモ帳(ちょう) | 메모장 | 5과 |
| 目を通す(めとお) | 훑어보다 | 7과 |

### も

| 일본어 | 한국어 | 과 |
|---|---|---|
| もっともだ | 당연하다 | 3과 |
| 問題(もんだい) | 문제 | 2과 |

### や

| 일본어 | 한국어 | 과 |
|---|---|---|
| やむをえない | 할 수 없다, 어쩔 수 없다 | 7과 |
| 辞める(や) | 그만두다, 사임하다 | 7과 |
| ややもすると | 자칫하면, 까딱하면 | 7과 |

### ゆ

| 일본어 | 한국어 | 과 |
|---|---|---|
| 有意義だ(ゆういぎ) | 유익하다 | 6과 |
| ユーロ | 유로(화) = Euro | 8과 |
| 憂慮する(ゆうりょ) | 우려하다 | 8과 |
| 輸出(ゆしゅつ) | 수출 | 5과 |
| 輸入(ゆにゅう) | 수입 | 5과 |

### よ

| 일본어 | 한국어 | 과 |
|---|---|---|
| 洋食(ようしょく) | 양식 | 4과 |
| よくよく | 꼼꼼히, 신경을 써서 | 8과 |
| よそ見(み) | 한 눈 팔기, 딴 데 보기 | 5과 |
| 余地がある(よち) | 여지가 있다 | 7과 |

### り

| 일본어 | 한국어 | 과 |
|---|---|---|
| 了解する(りょうかい) | 잘 이해하다 | 5과 |
| リスク | (투자상의) 위험, 리스크 | 8과 |
| ~率(りつ) | ~률 | 5과 |
| 流動性(りゅうどうせい) | 유동성 | 8과 |
| 料金(りょうきん) | 요금 | 4과 |
| 領収証(りょうしゅうしょう) | 영수증 | 4과 |
| 利用する(りよう) | 이용하다 | 4과 |

### ろ

| 일본어 | 한국어 | 과 |
|---|---|---|
| 論文(ろんぶん) | 논문 | 6과 |

### わ

| 일본어 | 한국어 | 과 |
|---|---|---|
| ワークショップ | 워크숍 | 6과 |
| 和食(わしょく) | 일본식 식사 | 4과 |
| 渡す(わた) | 건네주다 | 3과 |
| 和風(わふう) | 일본풍, 일본식 | 6과 |

# 본문 해설 모음

## 1과 | 방문 약속

### 상황 ❶ ▶ 거래처에 전화를 걸어 방문 약속 잡기

| | |
|---|---|
| 김민우 : | 저는 한국 IBS테크놀로지의 김민우라고 합니다. 영업부 다카하시 부장님을 부탁합니다. |
| 접수처 : | 영업부 다카하시네요. 잠깐만 기다려 주십시오. |
| 다카하시 부장 : | 네, 전화 바꿨습니다. 다카하시입니다만. |
| 김민우 : | 아, 다카하시 부장님이세요? 이번에 귀사의 담당이 된 IBS테크놀로지의 김(민우) 이라고 합니다. 잘 부탁드립니다. 사실, 다음 달 일본에 출장 가는데, 꼭 귀사를 방문해서 인사드리고 싶습니다. |
| 다카하시 부장 : | 아, 그렇습니까? 일부러 방문해주신다니 감사합니다. 다음달이면 15일부터 18일이 비어 있습니다. |
| 김민우 : | 그렇습니까? 그럼 17일은 어떠신지요? |
| 다카하시 부장 : | 상관없습니다. 오후 2시 이후라면 괜찮습니다. |
| 김민우 : | 알겠습니다. 그러면 17일 2시에 방문하겠습니다. |

Q1. 김민우 씨가 전화로 약속을 잡은 상대는 누구입니까?
Q2. 김민우 씨는 언제 약속을 잡은 상대를 만나나요?

### 상황 ❷ ▶ 방문 약속 변경하기

| | |
|---|---|
| 김민우 : | 다카하시 부장님, 오랜만입니다. 일전에 전화 드렸던 IBS테크놀로지의 김민우입니다. |
| 다카하시 부장 : | 아, 김(민우) 씨, 오랜만이네요. 건강하시지요? |
| 김민우 : | 네, 덕분에 잘 지내고 있습니다. 오늘은 부탁이 있어서 전화를 드렸습니다. |
| 다카하시 부장 : | 새삼스럽게 뭘까요? |
| 김민우 : | 사실 모레 2시에 약속한 귀사 방문을 3시로 변경하고 싶은데요, 일정은 괜찮으십니까? |
| 다카하시 부장 : | 무슨 문제라도? |
| 김민우 : | 네, 급한 일이 생겨서요. |
| 다카하시 부장 : | 그런가요? 그런 거라면 어쩔 수 없죠. 3시라도 좋습니다. 마침 시간도 있으니까요. |
| 김민우 : | 멋대로 일정을 바꿔서 정말 죄송합니다. |

Q1. 김민우 씨가 약속을 변경한 이유는 무엇입니까?
Q2. 김민우 씨는 몇 일 몇 시로 약속을 변경했나요?

## 2과 | 거래처 방문

### 상황 ❶ ▶ 거래처 담당자와 인사 나누기

| | |
|---|---|
| 김민우 : | 처음 뵙겠습니다. 일전에 전화 드린 IBS테크놀로지의 김민우입니다. |
| 다카하시 부장 : | 제가 일본 인더스트리 영업부 다카하시입니다. 잘 오셨습니다. |
| 김민우 : | 오늘 바쁘신 와중에 시간을 내주셔서 감사합니다. 제 명함입니다. |
| 다카하시 부장 : | IBS테크놀로지 김민우 씨, 상품개발부에서 근무하시네요. 제 명함도 드리죠. 일본에는 언제 도착하셨어요? |
| 김민우 : | 어제 오후 3시 항공편으로 도착했습니다. |
| 다카하시 부장 : | 정말 피곤하시겠네요. |
| 김민우 : | 오늘 찾아뵙게 된 것은 전화로도 말씀 드렸는데 지난 달부터 제가 귀사의 담당이 되어서 인사드리러 방문했습니다. |
| 다카하시 부장 : | 일부러 와 주셔서 감사합니다. 서서 이야기하는 것도 그러니 이쪽에 앉아주세요. |
| 김민우 : | 네, 그럼 염치 불구하고 (앉겠습니다). |

Q1. 김민우 씨는 회사의 어느 부서에서 일하고 있습니까?
Q2. 김민우 씨는 언제 일본에 도착했나요?

### 상황 ❷ ▶ 전임자의 근황과 출장 목적 공유하기

| | |
|---|---|
| 다카하시 부장 : | 전임자인 박현수 씨는 안녕하십니까? |
| 김민우 : | 네, 덕분에 잘 지내고 있습니다. 박(현수)은 저와 포지션이 바뀌면서 총무부로 인사이동이 되었습니다. 다카하시 부장님께 안부 전해달라고 하셨습니다. |
| 다카하시 부장 : | 그렇군요. 매우 열심이셨고 성실한 분이셨습니다. 김(민우) 씨께도 앞으로 많은 신세를 지겠습니나만 아무쪼록 잘 부탁드립니다. |
| 김민우 : | 열심히 하겠습니다. 저야말로 잘 부탁드립니다. |
| 다카하시 부장 : | 최근 귀사에서 수입하고 있는 제품의 판매가 호조를 보여 당사로서도 매우 기쁘게 생각합니다. 그런데 이번 출장 예정이 어떻게 되십니까? 모처럼 오셨으니 여러 가지 사업 이야기도 듣고 싶은데요. |
| 김민우 : | 네, 당분간 일본에 머물 예정입니다. 새로운 사업의 전개에 관해 설명하거나 시간이 된다면 나고야의 공장도 견학하고 싶습니다. |

Q1. 김민우 씨의 전임 담당자는 누구이고, 지금 어느 부서에 있습니까?
Q2. 김민우 씨는 이번 출장에서 무엇을 하고 싶어합니까?

# 3과 | 제품 설명

## 상황 ❶ ▶ 신제품 소개하기

<응접실에서>
김민우 : 다카하시 부장님, 지난번에는 신세를 많이 졌습니다.
다카하시 부장 : 아닙니다, 저야말로 일본 도착하자마자 인사하러 와 주셔서 죄송했습니다. 오늘은 꼭 새로운 제품 개발 상황에 대해 이야기를 들려주세요.
김민우 : 네, 그렇지 않아도 카탈로그와 샘플을 몇 개 준비해 왔습니다.
다카하시 부장 : 옆 회의실로 와주세요. 노트북, 인터넷도 준비해 놓았습니다.
김민우 : 감사합니다.

<회의실에서>
김민우 : 그럼 아까 전달 드린 카탈로그를 봐주세요. 1~3페이지까지는 기존 제품, 4페이지부터는 이번에 나온 신제품입니다. 샘플은 여기 있습니다.
다카하시 부장 : 어머, 상당히 콤팩트 해졌네요.
김민우 : 네, 귀사에서 구입한 소재를 사용하여 새로운 기술을 도입했습니다. 정식으로 출시하기 전에 한국 내에서 소프트런칭을 진행했는데 매우 호평을 받았습니다.
다카하시 부장 : 기대가 되네요.

Q1. 오늘 김민우 씨가 거래처를 방문한 목적은 무엇입니까?
Q2. 그 동안의 제품과 비교하여 신제품의 사이즈는 어떤가요?

## 상황 ❷ ▶ 신제품의 판매 상황과 전망 설명하기

다카하시 부장 : 크기나 무게는 어떻습니까?
김민우 : 카탈로그에 여러 가지 리스트가 있으니 그쪽을 봐주세요.
다카하시 부장 : 아, 확실히. 이전보다 평균 10%는 소형으로 되었네요.
김민우 : 네, 게다가 이번에는 제품의 경량화를 추가해 참신한 디자인을 컨셉으로 했습니다.
다카하시 부장 : 그래서 기존 제품보다 훨씬 세련되었네요.
김민우 : 덕분에 한국 내에서의 판매실적이 향상되고 있으며, 최근 몇 개월간 판매실적이 비약적으로 늘고 있습니다.
다카하시 부장 : 향후 전망은 어떤가요?
김민우 : 그 부분입니다만, 내년에는 올해보다 80%의 매출 증가를 예상하고 있습니다.
다카하시 부장 : 믿음직스럽네요! 당사로서도 기꺼이 협력하겠습니다!!

Q1. 기존 제품에 비해 신제품의 크기와 무게는 어떻습니까?
Q2. 신제품의 매출과 향후 전망은 어떻습니까?

# 4과 | 이동과 숙박

## 상황 ❶ ▶ 택시 승차 및 이동하기

〈택시 승강장에서〉
운전기사 :   어서 오세요. 어디까지 가십니까?
김민우 :   도쿄역으로 가 주세요.
운전기사 :   외국 분이세요? 일본에는 일 때문에 오셨나요?
김민우 :   네, 한국에서 출장을 왔습니다. 오늘은 나고야로 공장 견학을 하러 갈 거예요.
그런데 꽤 길이 막히네요. 시간은 얼마나 걸리나요?
운전기사 :   그렇군요. 30분 정도 걸립니다. 지금 막 출퇴근 시간이라서요.
김민우 :   죄송하지만 조금 서둘러 주세요. 8시 15분의 신칸센 기차를 타야 돼서요.
〈도쿄역에서〉
운전기사 :   자, 손님, 도쿄역에 도착했어요. 요금은 4,500엔입니다.
김민우 :   다행이네요. 덕분에 제 시간에 도착했습니다. 지불은 신용카드로 해주시면 됩니다.
아, 그리고 영수증도 끊어주세요.

Q1. 김민우 씨가 택시를 탄 목적은 무엇입니까? 또 행선지는 어디입니까?
Q2. 김민우 씨가 운전기사에게 낸 요금은 얼마입니까?

## 상황 ❷ ▶ 호텔 체크인하기

프론트 직원 :   나고야 그랜드 호텔에 오신 것을 환영합니다.
김민우 :   일전에 예약한 한국의 김민우인데 체크인 부탁드립니다.
프론트 직원 :   확인하겠으니 잠시만 기다려주시기 바랍니다. 아, 김민우 님. 오늘부터 1박, 싱글룸에서 묵을 예정이시네요.
김민우 :   그렇습니다.
프론트 직원 :   번거로우시겠지만, 여기 투숙객 카드에 기입해 주세요. 성함, 주소, 근무처를 적어주세요.
죄송합니다만, 여권 좀 주실 수 있을까요? 복사하겠습니다.
김민우 :   김민우, 대한민국 서울시, IBS테크놀로지, 이걸로 괜찮나요? 그리고 여권은 여기 있습니다.
프론트 직원 :   네, 감사합니다. 방은 1102호실, 룸 키는 여기 있습니다. 내일 아침 식사는 6시 반부터 9시 반까지
있는데 일본식과 양식 중 어느 쪽을 원하십니까?

Q1. 김민우 씨가 묵었던 방 타입은 무엇입니까?
Q2. 투숙객 카드에는 어떤 내용을 기입합니까?

# 5과 | 공장 견학

### 상황 ❶ ▶ 공장 견학하기 1

공장장 : 오늘 일부러 방문해 주셔서 감사합니다. 저는 공장장 사토라고 합니다.
김민우 : 처음 뵙겠습니다. 한국에서 온 IBS테크놀로지의 김민우입니다.
공장장 : 말씀은 본사 다카하시로부터 들었습니다.
김민우 : 귀중한 시간을 내주셔서 대단히 감사합니다. 오늘은 신소재 제조 현장을 견학시켜 주실 수 있을까요?
공장장 : 알겠습니다. 바로 담당자를 불러 안내하도록 하겠습니다.
<담당자 등장>
담당자 : 그럼 걸으면서 차례로 설명해 드리겠습니다. 현재 본 공장에는 모두 A부터 E까지 다섯 개 생산 라인이 설치되어 있습니다만, 그 중 귀사에 납품하는 제품은 B, C, D의 세 개 라인에서 생산하고 있습니다.
김민우 : 그렇습니까? 가동 상황은 어떤가요?
담당자 : 덕분에 가동률 100%의 풀 가동 중이지만 생산이 주문을 따라가지 못한 상태입니다.

Q1. 김민우 씨가 공장 견학 온 목적은 무엇입니까?
Q2. IBS테크놀로지에 납품하는 제품의 생산 상황은 어떻습니까?

### 상황 ❷ ▶ 공장 견학하기 2

김민우 : 이 곳에서 일하는 직원은 모두 몇 명입니까?
담당자 : 직접 생산에 종사하고 있는 사람이 35명, 기타 유지 관리나 사무 담당자가 73명입니다.
김민우 : 그렇군요. 규모에 비해 종업원 수가 적네요.
담당자 : 네, 우리 공장은 모든 생산 과정이 자동제어시스템으로 되어 있어서요. 그만큼 종업원 수도 적지만 고장이나 사고 등의 트러블도 거의 발생하지 않습니다.
김민우 : 굉장하네요. 신소재 개발도 이곳에서 하고 있나요?
공장장 : 신소재 개발은 옆에 있는 연구개발부에서 하고 있습니다.
김민우 : 그쪽도 보여주실 수 있으신가요?
공장장 : 네, 물론입니다. 점심 식사 후에 안내하겠습니다.

Q1. 이 공장에서 일하는 종업원 중에서 유지 관리, 사무 담당자의 수는 얼마나 됩니까?
Q2. 자동제어시스템의 장점은 무엇입니까?

# 6과 | 식사와 접대

## 상황 ❶ ▶ 공장 관계자와의 점심식사

공장장 : 김(민우) 씨는 생선요리를 먹을 수 있습니까? 제가 단골 일본식 레스토랑에 모셔다 드리려고 하는데요.
김민우 : 네, 생선은 아주 좋아합니다. 특히 초밥이나 회에는 사족을 못써요.
(레스토랑에서 음식이 나온다)
김민우 : 와, 맛있어 보이네요.
공장장 : 네, 근처 바다에서 잡은 신선한 어패류가 듬뿍 사용되고 있습니다. 자, 자, 어서 드세요. 사양하지 말고 드세요.
김민우 : 네, 감사히 받겠습니다. 정말 맛있네요. 생선회가 입 안에서 살살 녹아요.
공장장 : 입맛에 맞아서 다행입니다. 그건 그렇고 오전에 공장을 보신 소감 들려주시겠어요?
김민우 : 한 마디로 훌륭합니다! 첨단기술, 최신설비, 종업원 열기, 모든 게 최고 수준이네요.
모두 다 배울 것 뿐입니다. 게다가 공장장님의 인품에도 깊은 감동을 받았습니다.
공장장 : 어머, 술도 안 마시는 데 너무 칭찬을 많이 해서 얼굴이 빨개졌어요.

Q1. 공장장은 김민우 씨를 어디로 데리고 갔습니까?
Q2. 김민우 씨는 공장 견학의 소감을 어떻게 말했습니까?

## 상황 ❷ ▶ 거래처 회식 참석하기

스즈키 : 지금부터 한국의 IBS테크놀로지에서 온 김민우 씨의 환영회를 겸해 식사 모임을 시작하려고 합니다. 저는 금일 간사인 영업부 주임 스즈키 타로라고 합니다. 김(민우) 씨, 한마디 인사 부탁드립니다.
김민우 : 소개받은 김민우입니다. 오늘은 저를 위해 이런 자리를 마련해 주셔서 진심으로 감사의 말씀을 드립니다. 앞으로도 잘 부탁드립니다.
스즈키 : 다음으로 환영의 뜻을 담아 건배하고자 합니다. 건배사는 다카하시 부장님, 부탁드립니다.
다카하시 부장 : 그럼 여러분, 잔을 들어주세요. 김(민우) 씨의 건강과 일본 인더스트리, IBS테크놀로지 두 회사의 향후 무궁한 발전을 기원하며, 건배!
(다 같이) 건배!!
다카하시 부장 : 그런데 김(민우) 씨, 나고야 공장 견학은 어땠습니까?
김민우 : 네, 덕분에 공장 전체를 자세히 견학할 수 있어서 매우 의미 있었습니다. 당초 생산라인만 견학할 예정이었으나 점심을 사주시기까지 하고 개발연구소까지 보여 주셨습니다.
다카하시 부장 : 그렇군요. 고생하신 보람이 있었네요.

Q1. 김민우 씨가 참석한 회식 자리에서 간사 역할은 무엇입니까?
Q2. 김민우 씨는 나고야 공장 견학에 대해서 어땠다고 생각하고 있습니까?

# 7과 | 거래처와의 회의

### 상황 ❶ ▶ 납기 개선 요구하기

다카하시 부장 : 그럼 회의를 시작하겠습니다. 오늘은 특별히 한국 IBS테크놀로지의 김민우 님이 참석하셨습니다. 먼저 당사의 참가자를 소개하도록 하겠습니다. 차장 고바야시 군, 과장 고노 씨, 그리고 스즈키 주임과 사원 나카무라 씨입니다.

김민우 : 중요한 회의에 초대해 주셔서 영광입니다.

다카하시 부장 : 모처럼 김(민우) 씨가 오셨으니 두 회사의 발전을 위한 의견 교환의 자리가 되었으면 합니다. 김(민우) 씨, 다른 의견이 있으십니까?

김민우 : 지난번에 말씀드렸듯이 신제품의 판매가 호조로 이어져 판매 면에서는 전혀 문제가 없습니다만, 납기에 대해서는 개선의 여지가 있지 않나 생각됩니다. 최근 귀사에서 납품이 밀린 듯한 경향이 있어 걱정입니다.

고노 과장 : 그 점에 관해서는 최근 회의에서도 검토된 지 얼마 안 됐습니다. 저희도 개선의 필요성을 강하게 느끼고 있습니다.

김민우 : 이대로 가면 큰 문제로 발전할 수 있으니, 협조 부탁드립니다.

다카하시 부장 : 알겠습니다. 즉시 사내에서 재검토하여 조속히 대처하겠습니다. 필요하다면 생산라인 증설도 고려할 생각입니다.

김민우 : 그렇게만 해주시면 당사에도 도움이 되겠습니다.

Q1. 김민우 씨가 참석한 회의에는 어떤 사람들이 참석했나요?
Q2. 김민우 씨는 상대방에게 어떤 요구를 했나요?

### 상황 ❷ ▶ 가격 인상 제안에 반론하기

다카하시 부장 : 다음 의제로 넘어가겠습니다. 최근 원료비가 올라서 당사에서는 제품의 가격 인상을 검토 중입니다.

김민우 : 중동의 정세 불안으로 인한 원유 급등이 원인인가요?

고바야시 차장 : 물론 그것도 있지만 아베노믹스로 인한 엔저 영향도 간과할 수 없네요.

김민우 : 내외적으로 모두 어려운 상황이네요. 수고가 많으십니다.

고바야시 차장 : 이런 상황에서 당사로써는 7% 인상이 어쩔 수 없다고 판단하고 있지만, 어떻습니까?

김민우 : 7%인가요? 가격 인상 폭이 상당히 크네요. 비용대비 효과의 악화를 초래하여 자칫하면 제품의 판매에 찬물을 끼얹게 될 수 있습니다.

다카하시 부장 : 7% 인상은 당사로서도 빠듯한 선입니다. 부디 긍정적으로 검토 바랍니다.

김민우 : 저의 독단으로는 대답하기 어렵습니다. 회사로 돌아가서 검토하게 해주세요.

Q1. 일본 인더스트리가 제품의 가격 인상을 희망하는 이유는 무엇입니까?
Q2. 김민우 씨는 일본 인더스트리의 제안을 받고 어떻게 대응하였습니까?

# 8과 | 클레임 해결하기

### 상황 ❶ ▶ 문제제기에 대응하기

고바야시 차장 : 계속해서 대금 지불에 관해서입니다만, 지금까지 당사와 귀사 간에 원화로 결제가 이루어져 왔네요.
김민우 : 네, 말씀하신 대로 귀사와의 거래는 지금까지 원화 기준으로 결제해달라고 요청했었습니다.
고바야시 차장 : 그 건에 관한 것입니다만, 앞으로 달러로 인한 거래를 부탁드릴 수 없을까 생각하고 있습니다.
김민우 : 달러로 결제를 원하신다는 뜻인가요?
다카하시 부장 : 네, 최근 국제 금융시장의 혼잡한 상황을 감안할 때 안전한 기금통화인 달러 결제로 전환하는 것이 좋다는 의견이 나오고 있습니다. 가능한 리스크는 피해야 한다는 의견이 나와서요.
김민우 : 그렇습니까. 심려를 끼쳐드려 대단히 죄송합니다. 외환시장에서의 환율 유동성을 우려하시는 군요. 이 건에 관해서도 귀국 후 충분히 검토한 후에 답변 드리도록 해주세요.
다카하시 부장 : 물론입니다. 답변을 기다리겠습니다.

Q1. 그동안 두 회사는 어떤 방법으로 대금 결제를 해왔습니까?
Q2. 제품의 대금 결제에 대해서 일본 인더스트리의 요구는 무엇입니까?

### 상황 ❷ ▶ 클레임 제기하기

김민우 : 저도 드릴 말씀이 있습니다.
다카하시 부장 : 사양하지 말고 뭐든 말씀해 주세요.
김민우 : 실은 지난번에 납품해 주신 제품에 일부 손상이 있었습니다.
다카하시 부장 : 불편하게 해드려 대단히 지송합니다. 민가 칙오가 있었넌 것 같습니다.
김민우 : 네, 앞으로는 선적할 때 검사를 강화해 주세요.
다카하시 부장 : 물론이죠. 스즈키 군, 확실히 기록해 두세요. 다시는 이런 일이 없도록 담당자에게 잘 전달해 둡시다.
김민우 : 죄송합니다. 저도 이번에 받은 의견, 제안에 대해서 사내의 의견이 정리되는 대로 연락을 드리겠습니다.
다카하시 부장 : 양사의 발전을 위해 앞으로도 협조 부탁드립니다.

Q1. 김민우 씨는 상대방에게 어떤 불만을 전했습니까?
Q2. 김민우 씨의 클레임에 대해서 상대방은 어떻게 대응하였습니까?